Claudia Hunt

What's for tea?

Über die Autorin:

Claudia Hunt wurde 1969 in München geboren. Sie ist gelernte Fremdsprachenkorrespondentin, Maskenbildnerin und Heilpraktikerin. Anfang der 90er Jahre ging sie nach London und blieb – mit Unterbrechungen – 14 Jahre dort. Die Autorin lebt heute wieder in München.

Claudia Hunt

What's for tea?

Englisch, wie es nicht
im Schulbuch steht

Bassermann

ISBN 978-3-8094-4012-3

1. Auflage
Genehmigte Sonderausgabe
© 2020 by Bassermann Verlag,
einem Unternehmen der Penguin Random House Verlagsgruppe GmbH,
Neumarkter Straße 28, 81673 München

© der Originalausgabe 2008 by Wilhelm Heyne Verlag,
einem Unternehmen der Penguin Random House Verlagsgruppe GmbH,
Neumarkter Straße 28, 81673 München

Projektleitung dieser Ausgabe: Martha Sprenger
Innenillustrationen: Doris Baumgart, detredesign
Umschlaggestaltung: Atelier Versen, Bad Aibling
Satz: Leingärtner, Nabburg
Herstellung: Elke Cramer

Penguin Random House Verlagsgruppe FSC® N001967

Druck und Bindung: GGP Media GmbH, Pößneck
Printed in Germany

351685341118

Für Sophie

Inhalt

Liebe Leserin, lieber Leser, ein Wort vorab …

Ein englischer Bekannter hat mir einmal gesagt: »The best way to learn English is by having an English boyfriend.« Welche Absicht er damit verfolgte, sei dahingestellt. Ich kann jedoch mit Sicherheit sagen, dass er recht hatte. Für all diejenigen, die gerade nicht die Möglichkeit haben, sich an eine englische Schulter zu lehnen, die aber trotzdem auf unkomplizierte und unterhaltsame Weise ihr Englisch auffrischen möchten, ist dieses Buch gedacht.

Ich lade Sie hiermit auf einen Abstecher nach England ein, wo ich viele Jahre gelebt habe. Seien Sie also mein Gast und lassen Sie sich überraschen! Ich werde Sie zu meinen Lieblingsplätzen entführen. Wir werden unter anderem zusammen ins Pub und zum »Fish & Chips«-Essen gehen, werden uns auf einer Londoner Parkbank über pseudo-englische Wörter unterhalten und eine Reise an die englische Südküste unternehmen. Während ich Ihnen wahre und weniger wahre Geschichten aus England erzähle, werden Sie ganz nebenbei Ihr Englisch auffrischen und viel Wissenswertes, Belangloses und Kurioses über das Leben auf der Insel erfahren.

Dieses Buch erhebt keinen Anspruch auf Vollständigkeit. Es soll Sie in erster Linie neugierig machen. Neugierig auf England und neugierig darauf, die englische Sprache für sich zu entdecken.

In diesem Sinne, viel Spaß beim Lesen!
Claudia Hunt

Five O'Clock Tea

oder

Was hat der Tee
mit dem Abendessen zu tun?

> *It will warm you, if you are cold*
> *It will cool you, if you are too heated*
> *It will cheer you up, if you are depressed*
> *It will calm you, if you are excited*

Diese berühmten Worte stammen aus dem Munde des ehemaligen englischen Premierministers William Gladstone. Wovon sie handeln? – Von Tee! Der ist aus England nicht wegzudenken. Er wird nicht nur geliebt, er ist *das* Nationalgetränk schlechthin und somit Teil der englischen Identität. Was würde sich also besser eignen, um Ihnen England und die englische Sprache näherzubringen, als sich erst einmal mit Tee zu befassen?

Wem fällt da nicht sofort der »Five O'Clock Tea« ein? –

Ein Ausdruck, der weltweite Berühmtheit genießt. Nur in England selbst, da ist er weitgehend unbekannt. Schließlich wird dort zu jeder beliebigen Tageszeit Tee getrunken, im Bett vor dem Aufstehen, zum Frühstück, am Vormittag, mittags, vor dem Essen, nach dem Essen, zum Essen, am frühen und am späten Nachmittag, am Abend und manchmal sogar in der Nacht als kleiner Schlummertrunk – as a night-cap.

Aber woher kommt dann dieser Begriff »Five O'Clock Tea«?

Lassen Sie mich dazu ein wenig ausholen. Teeimporte gab es ja bereits in der Mitte des 17. Jahrhunderts. Damals waren die Teeblätter noch so kostbar, dass sie sich nur die Königsfamilie und die Aristokratie leisten konnten. Und sogar in diesen Kreisen durfte einzig und allein die Herrin des Hauses, also beispielsweise die Königin, den Tee anfassen und zubereiten. Zu welcher Tageszeit das geschah, war rein vom Anlass abhängig.

Aufgrund politischer, geschäftlicher und technischer Veränderungen sanken aber mit der Zeit die Preise so tief, dass der tägliche Teegenuss bereits im 19. Jahrhundert auch für die Mittel- und Unterschicht erschwinglich wurde. Die Beliebtheit dieses Getränks war somit klassenlos geworden.

Man erzählt sich nun, dass an einem möglicherweise verregneten und furchtbar langweiligen Nachmittag im 19. Jahrhundert, und zwar zufälligerweise genau um 5 Uhr,

Folgendes passierte: Eine gewisse Anna Maria, 7th Duchess of Bedford of Woburn Abbey in Bedfordshire, kam auf die geniale Idee, die lange Wartezeit zwischen dem Mittagessen um 12 Uhr und dem Abendessen gegen 8 Uhr mit einer Tasse Tee und ein paar Scheiben Butterbrot zu überbrücken. Das gefiel ihr so gut, dass sie bald regelmäßig ihre Freundinnen zu dieser schicken Teestunde, die stets um 5 Uhr stattfand, einlud und damit den Nachmittagstee als »Five O'Clock Tea« zum neuen gesellschaftlichen Ereignis machte.

Wenn aber die Engländer heutzutage ihren Tee irgendwann am Nachmittag trinken, dann nennen sie ihn logischerweise einfach »afternoon tea«.

Trauern Sie jetzt bitte dem »Five O'Clock Tea« nicht hinterher. Ich habe Ihnen nämlich etwas viel Interessanteres zu bieten. Haben Sie schon einmal von »low tea« und »high tea« gehört? Das sind zwei Begriffe, die ebenfalls aus dem 19. Jahrhundert stammen. »Low tea« nannte man damals ganz offiziell die Tasse Tee am Nachmittag, weil sie auf einem niedrigen – low – Teetischchen serviert wurde. Im Gegensatz dazu wurde »high tea« auf einem hohen – high – Tisch serviert, und zwar zum Abendessen. Deshalb wurde der Einfachheit halber gleich die ganze Mahlzeit »high tea« genannt.

Und jetzt wird es höchst spannend, denn die Engländer haben im Lauf der Jahre »high tea« ganz einfach zu »tea«

abgekürzt. Die Bedeutung ist dabei dieselbe geblieben: Abendessen. Ganz egal, ob es dazu Tee gibt oder nicht. »*Tea? Abendessen??*« Ja, Tea heißt tatsächlich Abendessen. Ehrlich. Honestly. Es handelt sich hier um eine Tatsache, die uns die meisten Lehrbücher stur vorenthalten. Wahrscheinlich, weil man uns nicht unnötig verwirren möchte. Was steht denn da beispielsweise in meinem alten Schulbuch unter »Abendessen«? Aha, genau wie ich es mir gedacht habe: »Abendessen: supper, dinner«. Nichts weiter. Schlagen Sie doch einmal Ihr Lexikon zu Hause unter »Abendessen« auf. Sind Sie fündig geworden? Nein, da steht auch nichts von Tea? Ich weiß, es ist verrückt. Damit Sie mir aber trotzdem glauben, möchte ich Ihnen die drei Begriffe »supper«, »dinner« und »tea« näher erklären.

Fangen wir mit dem Supper an: Hier handelt es sich ganz allgemein, genauso wie bei Tea, um ein kleines Abendessen, eine abendliche Brotzeit. Es gibt aber Leute, die würden nur einen kleinen Imbiss direkt vor dem Zubettgehen so nennen. Das sind in der Regel diejenigen, die zum früheren Abendessen Tea sagen. Allerdings auch nur, wenn es sich um eine kleine Mahlzeit handelt.

Wie nennt man dann aber ein richtiges, warm gekochtes Abendessen? Das ist ein Dinner. Denn dabei handelt es sich offiziell um die Hauptmahlzeit des Tages. Die kann am Abend stattfinden, aber natürlich auch am Mittag. In diesem Fall wird dann eben das Mittagessen zu einem

Dinner. Wenn das Mittagessen aber klein ausfällt, nennt man es Lunch.

Puh, das war's. Zumindest in der Theorie.

In der Praxis können die Begriffe leider ziemlich durcheinander purzeln, je nachdem, wo Sie sich in England aufhalten und mit wem Sie sich zum Essen treffen.

Sie werden deshalb erleben, dass im Süden meist auch ein großes Mittagessen als Lunch betitelt wird, in nördlichen Gefilden dagegen auch ein kleines Mittagessen als Dinner. Eine befreundete Familie in London nennt jedes Abendessen Supper, ob klein oder groß, und sorgt damit bei Einladungen jedes Mal aufs Neue für Verwirrung unter den Gästen.

Was, Sie glauben mir immer noch nicht so recht, dass Tea tatsächlich Abendessen heißt? Sie denken, ich erlaube mir einen Scherz? You think I'm pulling your leg?

Überzeugen Sie sich doch einfach bei Ihrem nächsten Englandurlaub. Ach so, Sie möchten sofort Beweise haben?

Hmm, vielleicht erinnern Sie sich ja an die wunderbare Platte der Rockband *The Who* von 1967, »The Who Sell Out«, und die Ausrufe: »What's for tea, Mum?«, »What's for tea, darling?«, »Darling, I said, what's for tea?« und »What's for tea, daughter?«.

Auf gut deutsch: »Was gibt's denn zum Abendessen?« Die Antwort: »Heinz Baked Beans!«

Nach dieser Anstrengung sollten wir uns nun bei einer Tasse Tee erholen. Let's have a cup of tea! Lehnen Sie sich zurück und entspannen Sie sich, ich mache uns jetzt eine richtig gute, englische Tasse Tee.

Dazu nehme ich eine Teekanne – a tea pot – und zwar aus Porzellan – china – oder aus rostfreiem Stahl – stainless steel. Man schüttet zur Erwärmung der Kanne etwas kochendes Wasser hinein, schwenkt es ein wenig hin und her und gießt das Wasser dann gleich wieder aus. So, jetzt kommen die losen Teeblätter. Bei zwei Tassen Tee brauchen wir insgesamt drei Teelöffel voll, und zwar einen für Sie, einen für mich und – ganz wichtig – auch einen »für die Kanne«. Die gewünschte Menge kochendes Wasser (in unserem Fall zwei Tassen) darübergießen, Deckel zu und je nach Geschmack bis zu zehn Minuten ziehen lassen. Also, ich persönlich lasse ihn gerne fünf Minuten ziehen. Einverstanden? Jetzt fehlt bloß noch mein »tea cosy«. Wo ist er nur? Können Sie mir helfen? Ach so, Sie wissen nicht, was das ist? Ein »tea cosy« ist ein meist gehäkelter Überzug, den man über die Kanne streift, um den Tee warm zu halten, während er zieht. Ach, da ist er ja!

Leider muss ich an dieser Stelle zugeben, dass viele Engländer schon lange nicht mehr ihren Tee auf diese Art zubereiten. Sogar auf der Insel hat sich nämlich inzwischen mehr oder weniger der Teebeutel durchgesetzt. Ist ja auch praktisch: Kochendes Wasser in die Tasse gießen,

Teebeutel rein, ein bis zwei Minuten ziehen lassen, Tee beutel ausdrücken, rausziehen, fertig. Eigentlich schade. A shame, really.

Egal, für welche Methode Sie sich entscheiden, Sie sollten sich auf alle Fälle merken, dass Tee in England nicht mit Zitrone, sondern mit Milch getrunken wird. For God's sake – um Gottes willen –, jetzt bitte bloß keine deutsche Kaffeesahne! Die hat im Tee nichts zu suchen, schmeckt ja auch wirklich widerlich.

Benutzen Sie bitte nur echte, frische Milch, egal, ob Vollmilch – full fat milk –, fettarme Milch – semi-skimmed milk – oder, wenn es unbedingt sein muss, Magermilch – skimmed milk. Die Milchmenge ist dabei reine Geschmacksache – a matter of taste.

So, unser Tee ist inzwischen fertig. Und während Sie ihn genießen, erzähle ich Ihnen eine kleine Teegeschichte.

Eines Tages stand ich an einer Imbissbude im Londoner Clissold Park Schlange, I was standing in a queue. Als der Mann vor mir eine Tasse Tee bestellte, fragte ihn die Frau des Imbisswagens routiniert: »Do you want your tea strong?« Der Mann erwiderte: »Yes, strong and with a lot of milk.« Damit hatte er die Frau sichtlich verwirrt. »I see, you DON'T want your tea strong!?« »Yes, I DO. (Achtung, hier bedeutet *yes* nicht *ja*, sondern *doch*!), I just like it with a lot of milk.« »Well, that's not what I call a strong cup of tea.«

Während die Schlange hinter uns immer länger wurde, versuchte der Mann vor mir geduldig zu erklären, dass die Stärke des Tees seiner Meinung nach nichts mit der Menge der Milch zu tun hätte, sondern davon abhängig wäre, wie lange der Tee ziehen und wie stark man den Teebeutel ausdrücken würde. Die Frau erwiderte irritiert: »Well, once you've added a lot of milk, it's not strong ANY MORE!« Das war offensichtlich ihr letztes Wort zu der Angelegenheit. Der Mann sah sich hilfesuchend zu mir um. Ich zuckte mit den Achseln – I shrugged. Da kam ihm die rettende Idee. Er drehte sich wieder zu der Frau um und meinte erleichtert: »Listen, *you* make me a strong cup of tea, and *I* will add the milk myself.«

And that's how the matter was settled.

Erster Test

Ach, Sie meinen, Tests sind eigentlich nicht so Ihre Sache – not your cup of tea? Trotzdem, ich wette, Sie haben über einige Stellen hinweggelesen, ohne sich die Wörter oder Ausdrücke richtig zu merken. Was, Sie haben sich alles gemerkt? Na, dann kann's ja erst recht losgehen!

1) Versuchen Sie doch mal, folgendes zu übersetzen: »Schlummertrunk«

2) Und jetzt einen wichtigen Ausruf, den man oft gebrauchen kann: »Um Gottes willen!«

3) Im Gespräch mit Freunden auch immer wieder gerne genutzt: »jemanden zum Narren halten / sich einen Scherz mit jemandem erlauben«

4) Der einzige Ort, an dem in England nicht in der Schlange angestanden wird, ist wohl die U-Bahn. Da wird schon gedrängelt, bevor die Leute überhaupt ausgestiegen sind. Ansonsten ist das geordnete Anstehen aber wirklich sehr wichtig.

Deshalb bitte die Übersetzung für »in der Schlange stehen«.

5) Was waren noch mal die Wörter für »Porzellan« und »fettarme Milch«?

6) Wie würden Sie »doch« übersetzen?

7) Und auch bitte noch »mit den Achseln zucken«.

8) Zum Schluss möchte ich von Ihnen drei Begriffe für ein kleines Abendessen, den richtigen Begriff für ein kleines Mittagessen und den für die Hauptmahlzeit des Tages.

Die Antworten

Also, die gibt's ohne Nummerierung und unübersichtlich, damit Sie nicht so leicht schummeln können. Den Ausruf »for God's sake« sollten Sie sich unbedingt merken. Auch möglich: »for Christ's sake« oder »for heaven's sake«. Jemanden zum Narren halten: »to pull someone's leg«. Sobald wir uns besser kennen, bringe ich Ihnen noch die derbere Variante bei. Schlange stehen: »to stand in a queue« oder auch »to wait in a queue« oder nur »to queue up«. Porzellan wird »china« genannt, nicht zu verwechseln mit dem Land »China«, das groß geschrieben wird. Die fettarme Milch heißt »semi-skimmed milk«. Ist es nicht interessant, dass die Engländer kein eigenes Wort für »doch« haben? »Yes« ist die richtige Antwort. Der Schlummertrunk nennt sich »night-cap«. Mit den Achseln zucken: »to shrug«. Wenn Sie abends zum Essen ausgehen oder jemand richtig groß auftischt, dann nennen Sie das am besten Dinner, bei allen kleineren Angelegenheiten finden die Begriffe Tea oder Supper Verwendung. Da bekommt man ja gleich richtig Hunger! What's for tea?

Dinner for One

oder

Wie man in England zur Hausmeisterin wird

Da Tee aus dem englischen Alltag nicht wegzudenken ist, wird er auch uns in diesem Buch ein treuer Begleiter sein. Sie wissen ja bereits, dass er zu jeder beliebigen Tageszeit getrunken wird. Die erste Tasse Tee morgens im Bett ist dabei mit Abstand die schönste des Tages.

Nehmen wir deshalb einmal an, let's presume, this is a lazy Sunday morning, or better still – noch besser –, a lazy Monday morning (because everybody else is at work) and you're in bed, snug as a bug in a rug – warm und gemütlich, »wie eine kleine Wanze«, eingekuschelt in die Decke. Das ist nämlich genau, was ich gerade mache. Ich sitze im Bett, schlürfe genüsslich meine erste Tasse Tee und denke an das Beatles-Lied *Good Morning, Good Morning*, in dem John Lennon singt: »It's time for tea and meet the wife.« Ich erinnere mich noch, als ich zum ersten Mal den Text auf der

Rückseite von *Sgt. Pepper* las und mich über die Grammatik wunderte. Sollte es denn nicht heißen: »It's time for tea and *to* meet the wife«? Wohl wieder ein Fall von dichterischer Freiheit – poetic licence?

In Wahrheit besingt er aber die beliebte Fernsehserie »Meet the Wife«, die in den Sechzigerjahren in England ausgestrahlt wurde. In dieser Serie spielte sich ein bis dahin relativ unbekannter Schauspieler als vertrottelter Klempner Freddie Blacklock zum Serienstar empor. Freddie Blacklock sagt Ihnen nichts? The name doesn't ring a bell? Vielleicht haben Sie schon einmal den Geburtsnamen des Schauspielers gehört? Freddy Coo. »*Freddy who*?« Na, Sie wissen schon, der, der so hervorragend trottelige Figuren spielte. Ich werde Sie nicht weiter auf die Folter spannen, es handelt sich um Freddy Frinton, Miss Sophie's berühmten Butler James in *Dinner for One*.

Freddy Frinton war trotz diverser Film- und Fernseharrangements wie »Meet the Wife« eigentlich ein Mann des Varieté-Theaters. Er ging mit verschiedenen Sketchen auf Tournee, unter anderem mit »Dinner for One«, einem Stück, das er immer wieder erfolgreich mit wechselnden Partnerinnen aufführte. Anfänglich war er noch verpflichtet, Tantiemen an den Autor Lauri Wylie zu zahlen, bis er schließlich selbst alle Rechte an dem Stück kaufte und Änderungen daran vornahm. Eine sehr weise Entscheidung, wie sich herausstellen sollte. Denn 1962 reisten Peter

Frankenfeld und Regisseur Heinz Dunkhase nach Blackpool, um für ihre Fernsehsendung »Guten Abend, Peter Frankenfeld« neue Talente zu suchen. Blackpool war zu dieser Zeit ein wichtiges Zentrum des Varieté-Theaters. In dieser kleinen Stadt gab es damals tatsächlich 13 verschiedene Theater mit jeweils 1800 bis 3000 Sitzen. Alle Häuser spielten drei Vorstellungen pro Tag, und alle waren ständig ausverkauft. Doch erst an ihrem vorletzten Reisetag wurden die beiden Deutschen fündig, und zwar vormittags in der 11-Uhr-Vorstellung von »Dinner for One«. Begeistert stürmten sie sofort nach dem Auftritt in Freddie Frintons Garderobe, um mit ihm einen Vertrag abzuschließen. Dabei stießen die beiden Ahnungslosen jedoch zuerst einmal auf heftigsten Widerstand. Heinz Dunkhase schrieb später: »Um es höflich zu formulieren: Es war schwierig, denn er hasste alles, was deutsch war … Er lehnte es strikt ab, diesen oder einen anderen Sketch in deutscher Sprache zu spielen. Wir haben es akzeptiert, und Freddie Frinton kam für nur diesen einen Cabaret-Sketch nach Deutschland.«

Jetzt wissen Sie also, warum dieser Sketch auf Englisch aufgeführt wurde – und nicht wie üblich auf Deutsch.

Leider hat Freddy Frinton nicht mehr miterlebt, wie sein Stück in Deutschland Kultstatus erreichte. Er starb bereits 1968 plötzlich und unerwartet nach einer Theateraufführung in London. Was hätte er wohl zu diesem unglaublichen Erfolg in einem Land gesagt, das er selbst so verachtete?

Ja, ja, die Vorurteile … Auf Englisch: prejudice. Das *Oxford Advanced Learners Dictionary* erklärt das Wort folgendermaßen: »Opinion, like or dislike, formed before one has adequate knowledge or experience.« Da die Engländer ein Inselvolk sind und viele von ihnen auch die Ferien im eigenen Land verbringen, gibt es mangels der »adequate experience« auch viele Vorurteile – plenty of prejudice. Was die Deutschen angeht – as far as Germans are concerned – sieht das Ganze in etwa so aus:

Wir werden gerne als Besserwisser angesehen – as know-it-alls – als Menschen ohne Sinn für Humor – without a sense of humour (siehe *Dinner for One*), who like following orders and instructions. We are stiff – steif –, clean and tidy – sauber und ordentlich –, industrious – fleißig – und so weiter – and so forth …

Und irgendwie stimmt das ja auch ein bisschen. Und dann eben wieder nicht. Aber so ist das nun einmal mit Vorurteilen.

Das erinnert mich *an* – reminds me *of* a party I went to with my Italian friend Frederica and my Brasilian friend Maria many years ago. Wir standen in einer kleinen Gruppe mit ein paar Engländern zusammen und wurden der Reihe nach über unsere Herkunft befragt. Als Frederica erzählte, dass sie aus Italien kam, begannen unsere Engländer vom sonnigen italienischen Wetter, vom guten italienischen Essen und dem tollen italienischen Fußball zu schwärmen.

Maria erging es ähnlich. Es folgten Kommentare über die fetzige brasilianische Musik, das tolle südamerikanische Temperament und den noch tolleren brasilianischen Fußball. Dann war ich an der Reihe. Hätte diese belanglose Plauderei im Jahr 2014 oder später stattgefunden, wäre die absolute Klimax in Sachen internationaler Fußball erreicht gewesen. Wie von selbst wären sicherlich gleich ein oder zwei begeisterte Kommentare gefallen über die sagenhafte deutsche Teamarbeit oder so ähnlich. Aber leider befanden wir uns in den frühen 1990er-Jahren, und zu dem Zeitpunkt stand die restliche Welt einfach noch nicht auf unseren Fußball, Championtitel hin oder her. Nett sein wollte man natürlich trotzdem. Zu meiner Linken reichte es zwar nur für ein kurzes, verlegenes »Ah«, zu meiner Rechten immerhin für ein besonders einfallsreiches »Oh, Claudia Schiffer!«. Was hätte ich auch erwarten sollen? Etwa ein »Ihr Deutschen seid ja so wunderbar sauber und ordentlich! Und wie toll ihr euch an Regeln halten könnt. Einfach klasse!«?

Es gibt allerdings auch Situationen, in denen gerade diese Vorurteile von Nutzen sein können, wie zum Beispiel bei meinem ersten Vorstellungsgespräch – in my first job interview. Ich war seit einiger Zeit auf Arbeitssuche. Auf Englisch suchte ich dabei nicht nur, ich jagte sozusagen richtig nach einem Arbeitsplatz – I was job-*hunting*. Ich stieß auf eine freie Stelle – a vacancy – als Hausmeisterin – caretaker – und zwar in einem alten Haus in Notting Hill. Es handelte sich um eines dieser großen, herrschaftlichen Häuser im viktorianischen Stil, wie man sie typischerweise im Westen Londons findet. Seine fünf Stockwerke waren früher wohl nur von einer einzigen Familie und deren Bediensteten bewohnt worden, das Haus war aber inzwischen in mehrere Wohnungseinheiten aufgeteilt – was split into several little apartments, with a communal bathroom on each floor. Also mit einem Gemeinschaftsbad auf jeder Etage.

I met the landlords – die Vermieter – Mr. and Mrs. Jones, an old couple in their seventies. Als sie von meiner deutschen Herkunft hörten, waren sie begeistert. They had visited Germany many times and loved it – such a wonderful, clean and tidy place! Such industrious people!

Referenzen? Arbeitserfahrung? Brauchte ich nicht. Ich war ja deutsch. Naturally, I was qualified for the job.

»Moment mal!«, sagen Sie jetzt. *»Wie war das noch mal mit Ihrer ›adequate experience‹-Theorie? Diese Leute hätten sich doch bei Ihren Deutschlandbesuchen davon überzeugen können, dass nicht alle Deutschen auch automatisch ordnungsliebende, fleißige Menschen sind, die alle Anweisungen ihrer Arbeitgeber blind befolgen.«*

Ich glaube, William Blake hat dafür die richtigen Worte gefunden: A fool sees not the same tree that a wise man sees.

Ich zog also nach Notting Hill und wurde Hausmeisterin. Wie sich jedoch bald herausstellte, war ich in einer Art

Irrenhaus gelandet, I had landed in a madhouse, full of stereotypes. Die schöne Französin unter mir hatte ständigen, unüberhörbaren Sex (ich bin mir bis heute nicht im Klaren, welchen Foltermitteln sie dabei ausgesetzt war), während aus der Wohnung des spanischen Pärchens über mir abwechselnd Radio und Fernseher in mörderischer Lautstärke durch das ganze Haus dröhnten. Vielleicht, um die Schreie der Französin zu übertönen. Und dann gab es da noch Achim, the German student who lived on the top floor, quite a stiff and formal sort of person and a bit of a know-it-all. He was the landlords' favourite tenant – ihr Lieblingsmieter. Ich mochte ihn aber nicht besonders, I didn't particularly like him, und widerstand daher sämtlichen Versuchen meiner Vermieter, uns zu verkuppeln.

Eines Tages erzählten mir Mr. und Mrs. Jones von einem Schwarzen, der sich »unglaublicherweise« bei ihnen um eine Wohnung beworben hatte … nein, nein, sie hätten ja nichts gegen Schwarze … sie zögerten – they hesitated – und sahen sich dabei sorgenvoll an … »but just imagine, five people would have to share a bathroom with him!«

Da ist man erst mal sprachlos – speechless.

Und dann wusste ich plötzlich, dass es Zeit war, meine Sachen zu packen, that it was the right time to pack my things and leave. I had to move on – I needed more adequate experience.

Und wieder ein Test

No reason to get cold feet – kein Grund, es mit der Angst zu bekommen. Mir ist natürlich klar, dass Sie das sowieso nicht tun. Ich wollte nur eine günstige Gelegenheit finden, Ihnen diesen Ausdruck beizubringen.

Also, fangen wir an – let's start:

1) »Vorurteil«

2) »Das erinnert mich an …«

3) »Das kommt mir vertraut vor« oder »das sagt mir etwas«.

4) Ein Wörtchen, das nur beiläufig erwähnt wurde. Es ist dafür aber umso nützlicher, ja, so nützlich, dass ich es gerade eben schon erwähnt habe und, hoppla, oops (ausgesprochen *ups*), jetzt schon wieder. Es handelt sich nämlich um »erwähnen«.

5) »Warm und gemütlich«, bitte. Sagen Sie jetzt nur nicht »warm and comfortable«. Denn das lasse

ich Ihnen nur durchgehen, wenn Sie »comfortable« auch richtig aussprechen. Wie? – Hab ich's mir doch gedacht, Sie sagen *comfortabl*, mit Betonung auf dem »o«. Nein, nein, das »o« lassen Sie gleich mal ganz weg. Man sagt nämlich *camftabl* mit Betonung auf dem »a«!

Also her mit dem schönen Ausdruck, den ich Ihnen im Kapitel beigebracht habe!

6) »Stellen Sie sich einmal vor ...!« Hmm, da fällt mir ja schon wieder ein Lied von John Lennon ein ...

7) Auch ein sehr nützliches Wort: »zögern«

8) Was heißt »ausziehen«?

Und natürlich die Antworten

Fangen wir gleich bei meinem Lieblingsausdruck an: »Snug as a bug in a rug.« »Snug« und »comfortable« (Aussprache noch mal üben!) bedeuten beide »gemütlich«, bei »snug« schwingt dabei noch mehr das Gefühl von Geborgenheit und Behaglichkeit mit. »Rug« ist eigentlich nicht die normale Bettdecke, sondern eine Wolldecke. Die Bettdecke heißt dagegen auf Englisch »duvet« (ausgesprochen *düväi*). Das Vorurteil heißt »prejudice«. Die Mehrzahl »prejudices« wird in der Regel nicht verwendet. Wenn beispielsweise die Rede von einem Menschen mit vielen Vorurteilen ist, dann sagt man nicht »a person with many prejudices«, sondern spricht ganz einfach von »a prejudiced person«. Noch extremer: »a racist person«, oder gleich: »a racist«. Ausgesprochen *räißist*. »Stellen Sie sich einmal vor« heißt »just imagine«.

Das erinnert mich an: this reminds me *of* … Wichtiger Ausdruck, also unbedingt merken! Wenn etwas vertraut klingt, können Sie natürlich wörtlich sagen:

»That sounds familiar.« Aber noch schöner ist der Ausdruck »That rings a bell«.

Ja, was hieß »erwähnen« noch mal? Sie zögern? You hesitate? Na, so was. Da haben Sie's: »to mention«. Und zuletzt »ausziehen«. Da war ich ein bisschen gemein. Haben Sie es gemerkt? Denn »to move on« heißt gar nicht ausziehen. Die richtige Übersetzung für »ausziehen« ist: »to move *out (of* a place)«. Und »umziehen« heißt: »to move«, und zwar *from* one place *to* another. Mein »time to move *on*« bedeutet wörtlich »weiterziehen« und im übertragenen Sinn so viel wie »ein Kapitel abschließen und zum nächsten übergehen«.

Das können wir ja auch gleich tun. Vielleicht mit einer kleinen Teepause – a little tea break?

Bei dieser Gelegenheit kann ich nämlich auch noch schnell hinzufügen, dass sich der deutsche Ruf in den letzten Jahren nicht nur in Bezug auf Fußball sehr verbessert hat. Vieles Deutsche ist inzwischen sogar richtig »cool« geworden.

Sie können also beruhigt Ihren Tee genießen und sich auf das nächste Kapitel freuen. Und ich meinerseits freue mich schon darauf, Ihnen zu erzählen, wie es kommt, dass die Engländer sowieso von einem Haufen Deutscher regiert werden …

Fish & Chips

oder

Wie deutsch ist das englische Königshaus?

Ist es mir gelungen, Sie neugierig zu machen? Have I managed to arouse your curiosity? Oder etwas lässiger: Have I made you curious? Schön. Aber wir brauchen einen geeigneten Platz zum reden. Außerdem wird es spät und ich habe schon richtig Hunger – I'm starving. Sie auch? Na, dann gibt's nur eins: Let's have tea! Right – genau –, not a cup of tea, but a meal. Da entführe ich Sie am besten in meinen Lieblings-Fisch-&-Chips-Laden in London. Er heißt »The Fryer's Delight« und befindet sich in der Theobalds Road in WC1, Londons »West Centre One«, gleich um die Ecke vom British Museum. Als ich nicht mehr in Notting Hill (W2 – »West Two«) wohnte, sondern in EC1 (»East Centre One«), also im östlichen Zentrum der Stadt, da war es für mich nur ein Katzensprung zum Fryer's Delight.

Dieser »Fish & Chips«-Shop (umgangssprachlich auch gerne »Chippie« genannt) wird von Italienern geführt – is run by Italians. Das ist ganz typisch für London. Die Italiener, besser gesagt, die englischen Italiener, sind nämlich hervorragende Hersteller von Fish & Chips. Mein Freund George würde sogar behaupten, »they are the best«, und schwärmerisch hinzufügen: »It's an art form, you know.« Ich glaube ihm. I believe him. Have some really good English-Italian Fish & Chips and you will believe him, too. Allerdings hat jeder »Fish & Chips«-Shop seine Stärken und Schwächen. Und deshalb empfehle ich Ihnen im Fryer's Delight unbedingt den Kabeljau. I strongly recommend the cod, which is, so to speak – sozusagen – (wirklich kein Denglisch!), England's national fish. Ja, ich weiß, heutzutage bereitet der Gedanke an die tückischen Mikroplastikpartikel, die massenweise in unseren Weltemeeren herumschwimmen, ein gewisses Unbehagen in der Magengegend. Und so soll es ja auch sein! Aber hier und jetzt wäre es ausnahmsweise eine feine Sache, wenn wir uns trotzdem für Chips MIT Fisch entscheiden.

Trotzdem – wie hätten Sie das jetzt übersetzt? Despite that? In spite of it? Nevertheless? Ja, vollkommen richtig, zumindest für einen Schulaufsatz, ein Buch oder einen Geschäftsbrief. Für unser lockeres Gespräch aber eher unpassend. Wie wär's mit »all the same«? »All the same, let's have the cod.« Ja, das gefällt mir schon viel besser. Unübertroffen wäre aber das einfache, geniale Wörtchen »still«. Da hieße dann unser Satz: »Let's still have the cod.« Wunderbar! Und dazu natürlich Chips, diese leckeren, dicken, weichen, fetttriefenden Pommes Frites, die nichts mit unseren knusprigen Chips aus der Packung zu tun haben, denn die heißen hier »crisps«.

Außerdem rate ich Ihnen zu Mushy Peas – Erbsenbrei. What? You don't like the sound of it? I don't blame you. Kann ich bestens verstehen. Klingt furchtbar. Schmeckt aber göttlich, finde ich – in my opinion. Vor allem, wenn man nach englischer Art Salz und Essig dazugibt. Das klingt sogar noch abscheulicher? Sounds even more disgusting? In your opinion? Oh, please try! Zumindest – at least – ein winzig kleines bisschen – a teeny weeny bit. Please!

… Schmeckt Ihnen wirklich nicht? Sagen Sie mir das jetzt aber bitte nicht so geradeheraus – straightforward – in Ihrer deutschen Art; wir sind hier schließlich in England! Und deshalb geben Sie bitte diesem Erbsenbrei das beste Kompliment, das in diesem Fall möglich ist, ohne zu lügen. Englische Diplomatie: »It's interesting.«

So schnell gebe ich aber nicht auf. I will not give up that easily. Nächstes Mal probieren wir Mushy Peas mit Mint Sauce. Das muss einem einfach schmecken! My friend George would call this marvellous combination »a marriage made in heaven«. Zu solchen göttlichen Vereinigungen zählt er im Übrigen auch Pizza und Rotwein sowie Apfelstrudel mit Vanillesauce. Wie Sie sehen, kennt er sich aus. He seems to know his stuff.

Jetzt aber, wie versprochen, zu unserer englischen, Entschuldigung, deutschen Königsfamilie.

Wo fange ich nur am besten an, um Ihnen zu beweisen, dass es sich wirklich um Deutsche handelt? Where to start? Gehen wir ein wenig in der Zeit zurück, und zwar bis zu Königin Viktoria, der Ururgroßmutter Elisabeth der Zweiten. Viktoria stammte mütterlicherseits aus dem Haus Sachsen-Coburg, väterlicherseits aus dem Haus Hannover. Sie ist also ziemlich deutschstämmig. Das »House of Hanover« hatte bereits 1714 die Stuarts als Könige Großbritanniens abgelöst. Viktoria selbst regierte das Land stolze 63 Jahre lang als letzte Vertreterin dieses Hauses. Mit 21 Jahren heiratete sie ihren deutschen Cousin Albert, den sie abgöttisch liebte. Albert wiederum stammte aus dem Haus Sachsen-Coburg und Gotha und hatte den Nachnamen »von Wettin«, den er an seine Nachfahren weitervererbte.

Viktoria und Albert hatten neun Kinder, sehr zum Verdruss der Königin. Sie hasste angeblich die lästigen Schwangerschaften, die für sie jedes Mal sexuelle Abstinenz bedeuteten. Allerdings wurden später diese Kinder und auch wieder deren Kinder äußerst geschickt mit anderen europäischen Königsfamilien verheiratet. Auf diese Weise landeten die Nachkommen Viktorias auf den Thronsesseln von Großbritannien, Russland, Deutschland,

Schweden, Griechenland, Spanien, Dänemark und Rumänien.

Der nächste König der Britischen Inseln, Viktorias Sohn König Edward VII., regierte nun als Vertreter des Hauses Sachsen-Coburg und Gotha, nach seinem Papa. Er wurde mit Alexandra von Dänemark verheiratet, die aus dem Haus Schleswig-Holstein und dem Haus Hessen-Kassel stammte. Der nächste Herrscher war Edwards Sohn George V. Er heiratete auch wieder innerhalb der guten deutschen Sippschaft, und zwar Mary von Teck aus dem Haus Württemberg und Hannover. Wir sprechen hier von den Großeltern der heutigen Königin.

Großpapa George und Großmama Mary, britisches Königspaar aus dem Haus Sachsen-Coburg und Gotha mit dem privaten Nachnamen »von Wettin«, hatten nun ein großes Problem. Es war die Zeit des Ersten Weltkriegs und dementsprechend war die anti-deutsche Stimmung auf der Insel. Da fasste George einen schier unglaublichen Entschluss. Der deutsche Name der Königsfamilie musste geändert werden! Auf Befehl wurde eine Liste mit englischen Namensvorschlägen für den Herrscher zusammengestellt. In die engere Auswahl kamen unter anderem »England« und »Windsor«. Man entschied sich bekannterweise für Letzteren – for the latter. In 1917 the »House of Windsor« replaced the »House of Sax-Coburg-Gotha« and became the Royal House of the United Kingdom of Great Britain and Northern Ireland. »Windsor« also became the new personal family name, der persönliche Nachname der Königsfamilie.

In der nächsten Generation gab es dann schon wieder Ärger. Der Thronfolger Edward VIII., Elisabeths Onkel, musste sich zwischen seiner amerikanischen Gefährtin Wallis Simpson und dem Thron entscheiden. Er wählte die Amerikanerin und gab den Thron an seinen jüngeren Bruder George VI., Elisabeths Vater, ab. Hätte man gewusst, dass George einmal König werden würde, hätte man ihn wahrscheinlich auch wieder traditionsgemäß mit einer deutschen Adeligen verheiratet, aber es war zu spät. Er hatte bereits eine Gattin, Elisabeth Bowes-Lyon, die spätere »Queen Mum«. Sie war die Tochter des schottischen Earl of Strathmore. Haben Sie's bemerkt? Die erste Britin in der Familie! Ihre Tochter Elisabeth heiratete aber wieder brav in die deutsch-europäische Adelsverwandtschaft ein. Ihr Ehemann Philip ist nämlich trotz seiner griechischen Herkunft väterlicherseits ein Schleswig-Holstein-Sonderburg-Glücksburger und mütterlicherseits ein guter, alter Battenberg.

But enough of that. Genug davon. Are you enjoying your fish and chips? What, you find them »interesting«? You can't be serious! Ah, you're pulling my leg. »Delicious«? – I'm glad. We'll come here again. I promise. Verspreche ich.

Was, Sie meinen, ich war gerade sehr diplomatisch? Weil ich in meiner Erzählung genau an dem Punkt abgebrochen habe, an dem es noch mehr britische, ach was, sogar richtig englische Hochzeiten gibt? I must admit, you're right. Die Zeiten haben sich längst geändert. Nicht nur, dass Charles gleich zwei Engländerinnen geheiratet hat, erst Diana und dann Camilla. Inzwischen hat auch Prince William mit Kate Middleton, der Tochter eines reichen, englischen Geschäftsmanns, seine Prinzessin gefunden.

Third nerve-racking test

1) Drei Übersetzungen für »trotzdem«, bitte.

2) Wie schreibt man »Hannover« auf Englisch? Na, haben Sie aufgepasst?

3) Was bedeutet »sozusagen«?

4) »Meiner Meinung nach ...«

5) Was sagt man für »ein winzig kleines bisschen« so umgangssprachlich, dass Sie jeden Engländer damit verblüffen können?

6) Hoffentlich einfach: »Kabeljau«

7) Was sind unsere deutschen »Chips« auf Englisch?

8) Nennen Sie mir bitte die genaue mütterliche sowie väterliche Abstammung von:

Edward VII.

George V.

Elisabeth II.

9) Was heißt denn eigentlich »abwarten und Tee trinken« auf Englisch?

The answers

Übersetzungsmöglichkeiten für »trotzdem«: »despite that«, »in spite of it« und »nevertheless« fürs geschriebene Englisch, »all the same«, »still« fürs Gespräch (und fürs Geschriebene). Die Stadt Hannover wird auf Englisch nur mit einem »n«, also »Hanover« geschrieben. Das ist natürlich eine absolut unwichtige Tatsache, die Sie jetzt aber nun einmal wissen und sicherlich nie wieder vergessen werden. »Meiner Meinung nach« ist dagegen wirklich unentbehrlich: »in my opinion«. Zum Variieren wäre noch möglich: »to my mind« oder »as I see it«. »Ein winzig kleines bisschen« heißt »a teeny weeny bit«. Wenn Sie es nicht ganz so umgangssprachlich mögen, dann können Sie auch einfach »a tiny bit« sagen. Auch sehr schön. Und »sozusagen« heißt »so to speak«. Dann hätten wir da noch diese königlichen Familienhäuser ... I was just kidding! War doch nur Spaß! Etwas so Widersinniges würde ich nie von Ihnen verlangen. Wirklich, auch in Zukunft nicht. Hand aufs Herz. Cross my heart. Aber weiter! Kabeljau heißt »cod« und unsere deutschen »Chips«

können in England als »Crisps« gekauft werden. Sie sind in ganz tollen Geschmacksrichtungen zu haben, wie zum Beispiel »salt and vinegar«. Und zuletzt noch »abwarten und Tee trinken«. Tja, das ist zur Abwechslung mal ein richtig deutscher Begriff. Auf Englisch ein langweiliges »let's wait and see«.

Und um dieses Kapitel nicht gar so langweilig abzuschließen, hier noch ein Zitat Königin Viktorias zum Thema Babys:

An ugly baby is a very nasty object and the prettiest is frightful when undressed.

(Ein hässliches Baby ist ein äußerst abstoßendes Ding und selbst das niedlichste ist grässlich, wenn es entkleidet ist.)

Princess Louise, King George

und

die Boston Tea Party

Ich glaube, wir brauchen jetzt einen kleinen Verdauungs-spaziergang – a constitutional. I know a very cosy pub in this area. It's only a ten-minute walk from here. Einverstanden? – Na, was heißt »einverstanden« auf Englisch? Oft fallen einem ja gerade die einfachsten Ausdrücke nicht gleich ein … Genau, hier tut's ein schlichtes »all right?«. Je nach Belieben ist dieses »all right« natürlich noch ausbaufähig, zum Beispiel zu einem »Are you all right with that?« oder »Is that all right with you?« Ja? Schön. Let's go, then. Hier geht's lang …

Sie haben noch eine Frage zum vorhergehenden Kapitel? Schießen Sie los! Fire away!

Sie wollen wissen, ob »to kid« genau dasselbe bedeutet wie »to pull someone's leg«? Richtig! Das sind zwei austauschbare Begriffe.

Ob das jetzt der »derbere« Ausdruck ist, den ich Ihnen von Kapitel 1 noch schuldig bin? Nein, nein, der kommt erst viel später. Wie gesagt, as I said, when we know each other better. Bleiben wir vorerst bei »kidding«. Das kommt logischerweise von »kid« und klingt erst mal amerikanisch. Haben doch die meisten von uns in der Schule gelernt, dass das englische child-Kind ein amerikanisches kid-Kind ist. »Kid« ist aber tatsächlich eine urenglische Bezeichnung für Kind. Ursprünglich zwar nur für das Kind einer Ziege, für das menschliche Kind aber immerhin auch schon seit über 500 Jahren. Der Ausdruck »to kid somebody« im Sinne von »sich einen Scherz mit jemandem erlauben« ist dagegen noch relativ jung. Interessanterweise hat er seinen Ursprung im Gaunerslang des 19. Jahrhunderts. Kein Blödsinn – I'm not kidding! Dass der Ausdruck aber recht schnell seinen Weg in die allgemeine Umgangssprache fand, ist gar kein Wunder, wenn man bedenkt, dass es allein in London laut damaligen Polizeiangaben etwa 115 000 Kriminelle gab. Das entsprach einem Siebtel der Bevölkerung! Es handelte sich bei den Delikten meistens um Einbruch, Diebstahl und Überfall – burglary, theft and raid –, aber auch um Mord. Es gab sogar einen eigenen »Man-Killing Club«, in den man nur aufgenommen wurde, wenn man nachweislich einen Menschen umgebracht hatte. Ein echter Club der Mörder. Was ist denn eigentlich ein Mörder auf Englisch? Ein »murder«? In die Falle gegangen. Ein »murder« ist die bloße Tat, der Mord an sich – the murder itself. But who commits the murder? – The murder*er*!

Wie auch immer – anyway, this club had regular meetings in one of London's many taverns (heute »pubs«). Von denen gab es nämlich im 19. Jahrhundert auch nicht wenige. Wenn Sie es genau wissen möchten, etwa 20 000. Das prägte natürlich das Stadtbild. Laut *The Little World of London* klang damals eine typische Wegbeschreibung folgendermaßen:

»Straight on till you come to the Three Turks, then to turn to the right and cross over at the Dog and Duck, and go on again till you come to the Bear and the Bottle, then to turn the corner at the Jolly Old Cocks, and after passing the Veteran, the Guy Fawkes, the Iron Duke, to take the first turn to the right which will bring you to it.« Great pub names, aren't they?

Sie möchten wissen, wie unser Pub heißt? Das ist die »Princess Louise«, und da sind wir auch schon. Bitte sehr, eines der schönsten alten Pubs, die ich kenne. Was möchten Sie denn gerne trinken? What would you like to drink? Wir haben ja die Auswahl. We've got the choice. Denn die Londoner Pubs sind nicht an einzelne Brauereien gebunden und dürfen deshalb alle möglichen Biersorten der verschiedenen Hersteller verkaufen. In jedem Pub gibt es auch frisches Bier vom Fass, das sogenannte – the so-called draught beer (ausgesprochen *drahft*). You've got the choice between ale, lager and bitter. Was der Unterschied ist? »Ale« ist das älteste englische Bier – the oldest, traditional type of beer – das lediglich mit Wasser, Gerste und Hefe gebraut wird – with water, barley and yeast. Das schmeckt sehr gut. »Bitter« ist ebenfalls ein traditionelles englisches Bier, wenn auch nicht ganz so alt wie das Ale. Es unterscheidet sich durch die Zugabe von Hopfen, der ihm seinen bitteren Geschmack verleiht. Im Gegensatz zu diesen beiden Sorten ist das »Lager« eine relativ neue Erscheinung in England. Es kommt unserem »Hellen« am nächsten – compares most with our Helles.

Was ich Ihnen empfehle? You want me to recommend one? Lassen Sie mich einmal überlegen … ich hatte hier mal vor langer Zeit ein Samuel Smith's Ale. Das hat sehr gut geschmeckt und ist außerdem nicht überall zu haben. Ach, da sehe ich ja im Kühlschrank »Sol«- und »Corona«-Flaschen stehen. Kennen Sie die? Do you know them? Die waren richtig »in« während meiner ersten London-Jahre. Es gab sie immer in der Flasche mit einem Stückchen Zitrone dazu. Let's have one of those! Do you mind? Macht Ihnen das etwas aus? … Ach so? Sie möchten lieber so ein richtig englisches Bier? Weil wir doch in England sind? Kann ich verstehen. Let's have a Samuel Smith's, then. Would you like a pint – einen guten halben Liter – or half a pint? You're not sure? Well, I think we should go for a pint each.

Dieses Pub ist übrigens nach Viktorias vierter Tochter benannt. Louise war eine der wenigen Kinder Viktorias, die nicht in eine europäische Königsfamilie eingeheiratet hatten. Sie bekam nur irgend so einen französischen Marquis ab, mit dem Sie angeblich furchtbar unglücklich und kinderlos verheiratet war. Aber immerhin ist dieses Pub mit ihrem Namen der Nachwelt erhalten geblieben. Es ist ein richtiges viktorianisches Prachtstück – a real Victorian gem! Ich bin froh, dass ich Sie hierhergebracht habe. Außerdem sind Pubs Orte, an denen Jung und Alt zusammenkommen, um sich über Gott und die Welt zu unterhalten. Ein perfekter Platz also, um mit seinem Wissen zu prahlen. Ideal für das, was ich gerade vorhabe.

Schauen Sie mal, da ist ja noch ein freier Tisch drüben in der Ecke – over there, in the corner, a nice, quiet place. Genau das, was wir brauchen. Just what we need. Oder noch netter ausgedrückt: Just what the doctor ordered.

Worüber ich mit Ihnen reden möchte? Es ist Ihnen ja sicherlich schon aufgefallen, dass mir das Thema Tee sehr am Herzen liegt. Und deshalb möchte ich Ihnen unbedingt von einem der wichtigsten Ereignisse der Weltgeschichte erzählen, bei denen Tee eine entscheidende Rolle gespielt hat, und zwar von der Boston Tea Party. Let's sit down.

Erinnern Sie sich? Do you remember? Irgendwann hat ja ein jeder von uns die Boston Tea Party in der Schule durchgenommen. Aber um was ging es da noch mal? What was it about? Und wann hat sie überhaupt stattgefunden? When did it occur? Well – nun, es war einmal ein König – once upon a time there was a king. A British king called George III. By the way, he was Princess Louise's greatgrandfather. (»By the way« unbedingt merken! Sie haben es sicherlich schon erraten, es heißt »übrigens«. Wissen Sie schon? Na, dann muss ich wohl noch mit einer Alternative herausrücken, um Sie zufriedenzustellen. Wie wär's mit »by the by«?)

Also, König George III. hatte ein Problem, und zwar drüben, in dieser neuen Kolonie namens Amerika. Dort hatte man zuerst jahrelang Krieg mit den Franzosen geführt und musste dann auch noch einen Aufstand der Ottawa-Indianer bekämpfen. All diese kriegerischen Maßnahmen hatten zu einer Staatsverschuldung von satten 140 Millionen Pfund geführt. Um weiteren kriegerischen Auseinandersetzungen zwischen Indianern und Siedlern einen Riegel vorzuschieben, beschloss George III. die sogenannte Proklamationslinie entlang der Appalachen. Die sollte das Gebiet der Siedler strikt von dem der Indianer trennen. Aber die Aufrechterhaltung dieser Linie gegen den Willen vieler Siedler, die sich bereits auf der »falschen« Seite niedergelassen hatten, erforderte auch wieder Militäreinsatz und viel, viel Geld. Wie konnte man aber die leere Schatzkammer wieder auffüllen? Natürlich, eine neue Steuer musste her! Auf Englisch »tax« oder »duty«. Das englische Parlament beschloss also, auf dem neuen Kontinent die sogenannte Stamp Duty einzuführen, eine nur geringfügige Steuer auf Dokumente. Ein großer Fehler. A big mistake. Die Kolonisten waren empört. They were outraged. Sie sahen es nicht als das Recht Englands an, ihnen überhaupt irgendwelche Steuern abzuverlangen, wie niedrig sie auch immer sein mochten. Das Schicksal nahm seinen Lauf. In Boston scharte der reiche Jüngling Samuel Adams eine Menge Hafenarbeiter um sich und gründete die »Sons of Freedom«, die von nun an allen Vertretern der britischen Krone, vor allem aber den Steuereintreibern, das Leben zur Hölle machten. Es wurde eingebrochen, gestohlen, Feuer gelegt, geteert und gefedert. Ein Steuerbeamter nach dem anderen schloss sein Büro und die »Stamp Duty« wurde schließlich abgeschafft. Das Problem der Staatsverschuldung war aber nicht gelöst und deshalb unternahm das englische Parlament zwei Jahre später einen erneuten Anlauf. Diesmal dachte man sich eine Importsteuer aus – an import tax on tea, paper, glass and paints. A grave mistake. Es bildeten sich nun weitere »Sons of Freedom«-Gruppen in anderen Städten Amerikas und natürlich langte man wieder in gewohnter Weise zu. Außerdem wurde zur Nichtzahlung der Steuern und zum Boykott englischer Importware aufgerufen. Sogar der Handel mit Sklaven kam dadurch ins Stocken. Dabei waren die von der neuen Steuer gar nicht betroffen! Was für ein Schock! In den besten Zeiten hatten englische Händler immerhin bis zu 15 000 Sklaven pro Jahr auf dem neuen Kontinent verkaufen können!

Was den Handel mit Tee anging, blühten Schmuggel und Schwarzmarkt auf. Außerdem wurden nun die Handelsschiffe aus England, egal, wo sie anlegten, mit voller Ladung wieder nach Hause geschickt. In Boston, der Heimat der »Sons of Freedom«, hatte man sich aber etwas ganz Besonderes einfallen lassen.

Huch, ich merke gerade, dass ich seit Ewigkeiten kein einziges englisches Wort mehr erwähnt habe. Do you mind if I switch to English?

Welcome to the Boston Tea Party! There were three British merchant ships, Handelsschiffe, in the harbour. Their entire cargo – ihre gesamte Ladung – consisted of tea.

Those ships, too, could have been sent back to England, but the »Sons of Freedom« had a better plan: they dressed up as Indians, attacked the ships and threw all three-hundred crates of tea into the sea. 300 Kisten! What a provocative act. The British parliament responded by sending war ships to Boston. This was the beginning of the American War of Independence. More or less.

Ah, ich rede und rede und dabei sind schon längst unsere Biergläser leer. Would you like another pint? … No? You want to go home now? Oh je – oh dear, oh deary me, am I boring you? Well, it was a bit of a lengthy story – ein wenig langatmig … Sorry! You're not bored, you're just tired?

Okay, let's go … Wait a moment, before we leave, please go to the toilet, oder etwas eleganter ausgedrückt: Please go to the loo! No, I don't want to be patronizing – ich will Sie nicht bevormunden. I just want you to have a look. They are probably some of the most beautiful toilets in the whole of London …

… *»You're right, that loo is a real gem.«* … Habe ich richtig gehört? Sie sind ja ein toller Schüler! Aber Sie sehen wirklich erschöpft aus – really exhausted. Schluss für heute! Es war ein langer Tag in einer fremden Stadt. Treffen wir uns doch einfach morgen früh wieder. Da wäre nur noch eine Kleinigkeit …

I know you're tired, but ...

1) Na kommen Sie, legen Sie los, dann haben Sie es schnell hinter sich gebracht. Was bedeutet »Legen Sie los« gleich noch mal?

2) Mord und Mörder haben Sie sich wahrscheinlich gemerkt. Aber was heißt »einen Mord begehen«?

3) Zwei Wörter für »Kneipe«, bitte!

4) »Genau das, was wir brauchen.« Ja, das war der Ausdruck mit dem Doktor.

5) »mehr oder weniger«

6) Ich hoffe, Sie haben nicht darüber hinweggelesen: »ein schwerwiegender Fehler«.

7) Zwei Möglichkeiten für »übrigens«

8) Übung mit den Präpositionen: »Steuer *auf* ...« und »sind Sie einverstanden *mit* ...«

9) »Wie gesagt ...«

The answers

Ich mach's diesmal auch ganz kurz. Einverstanden? Is that all right with you? Oder auch genau andersherum: Are you all right with that?

Die altmodische Bezeichnung für Kneipe ist »tavern« und die heute übliche ist natürlich »pub«, die Abkürzung für »public house«. »Legen Sie los!« war im Kapitel »fire away«. Wenn Sie möchten, können Sie auch »shoot away« sagen. »Übrigens«: »by the by« oder »by the way«. »Einen Mord begehen« heißt »to commit a murder«. Der schwerwiegende Fehler: »a grave mistake«. Dieser Fehler war die Importsteuer auf Tee, the import tax *on* tea. Einfacher, aber wichtiger Ausdruck: »wie gesagt« – »as I said«. Und am Ende der schönste Ausdruck des Tages: »just what the doctor ordered«.

Verzeihen Sie mir, ich kann es mir nicht verkneifen. Zum Abschluss noch ganz schnell ein Zitat zur Boston Tea Party, aus dem Mund eines Freiheitssohnes:

Overboard she goes, my boys,
Heave ho where darkling waters roar,
We love our cup of tea full well,
But we love our freedom more.

I must admit, it's been a long day. I'm proud of you.
Good night, sweet dreams! See you tomorrow!

Coffee to Go

oder

Was Sie gewiss schon immer über
Toilettenspülungen wissen wollten

Da sind Sie ja wieder. In alter Frische, wie schön. I was just
about to put the kettle on – ich wollte gerade das Teewasser
aufsetzen. Haben Sie Lust auf eine Tasse? Do you feel like
a cup of tea? … Ach so, Sie können das Wort Tee nicht
mehr hören? Es verfolgt Sie schon in Ihren Träumen? Wem
sagen Sie das? You're telling me! (Mit Betonung auf dem
ME!) Gestern las ich im Sportteil der *Süddeutschen Zeitung*
einen Artikel über einen alten Dopingskandal im österreichi-
schen Olympiateam. Da sah ich doch tatsächlich zu meinem
großen Erstaunen das (im Artikel zusammengeschriebene,
hier aber sinngemäß getrennte) Wort »Tea-Munterkunft«.
Ein herrlicher Begriff, vor allem in Bezug auf Doping! Viel
besser als das ernüchternde »Team-Unterkunft«.

Ich gebe es also zu, wir brauchen beide eine Pause. Both
of us need a break. Let's go to a café (ausgesprochen: *kafäi*

oder *kafäi*, oder sagen Sie einfach »coffee place«). Die sind in den letzten Jahren hier richtig aus dem Boden geschossen. Zum einen – on the one hand – a positive development, because there was a real market gap – eine wahre Marktlücke –, especially in London. Zum anderen – on the other hand – this has led to a drastic increase of prices. Die alten, billigen Teepreise wurden nämlich den neuen, astronomischen Kaffeepreisen angeglichen. Hat man früher noch 50 Pence für eine Tasse Tee bezahlt, blättert man heute locker das Vierfache hin.

Ich soll jetzt endlich aufhören, über Tee zu reden? Es nervt sie? It irritates you? Na, dann sagen Sie's auf Englisch, bitte ... »STOP IT!«

Also gut – okay then –, so schwierig es ist, ich werde in diesem Kapitel versuchen, das Wort »Tee« kein einziges Mal mehr zu erwähnen – not to mention it again in this chapter. Promised.

Sehen Sie, da haben wir in dieser Straße gleich drei Cafés zur Auswahl, Café Costa, Starbucks und Coffee Republic. Zum Café Costa müssen wir nur schnell über die Straße ... Vorsicht!! Watch out!!! Um Gottes willen, Sie müssen schon aufpassen – please be careful –, hier ist doch Linksverkehr – left-hand traffic! Ja, ich weiß, der Autofahrer ist auch wirklich schnell und rücksichtslos gefahren. Reckless driving. Daran muss man sich in London gewöhnen.

So, da wären wir. Möchten Sie den Kaffee lieber hier trinken oder mit in den Park nehmen? Der schöne Waterlow Park ist doch gleich um die Ecke – just around the corner … Es ist Ihnen egal? You don't mind either way? Gut, dann entscheide ich. Spazieren wir zum Park! Ich gehe nur noch schnell auf die Toilette – to the loo –, und Sie bestellen schon mal den Kaffee. Für mich bitte einen »Café Latte«, einen Milchkaffee. Ach ja, machen Sie nicht den Fehler und nennen den Kaffee zum Mitnehmen »Coffee to go«, wie es in den deutschen Cafés üblich ist. Nein, wir wollen keinen deutschen »Coffee to go«, wir wollen einen englischen »take-away coffee«. Bestellen Sie also beispielsweise »One Café Latte to take away« (ausgesprochen *kafäi*, und am besten auch gleich ein englisch ausgesprochenes *lattäi*.). Also, bis gleich! See you in a minute …

Ah, wie ich sehe, ging alles glatt mit der Bestellung. Come on, let's go. Sie möchten wissen, ob es noch andere Bezeichnungen für Toilette gibt? Aber ja, Sie können das stille Örtchen auch gerne »the Ladies« oder »the Gentlemen's« nennen, oder einfach nur kurz: »Gents«. Offizieller wird es mit der durchaus üblichen Bezeichnung »lavatory« und ein wenig antiquiert mit »WC« (kurz für »water closet«). Wer besonders prüde ist und/oder aus Amerika kommt, spricht dagegen nur diskret vom »bathroom« (im Privathaushalt) oder vom »restroom« (im öffentlichen Raum).

Aber da wir gerade von Toiletten sprechen – speaking of toilets – kennen Sie eigentlich das Wort für – Entschuldigung – excuse me – »Scheiße«? Ja, natürlich, »shit«, das kennt jeder. Nein, das andere, unglaublich gebräuchliche … na … na … nein? Dann lernen Sie es jetzt kennen, gerade weil es so gebräuchlich ist. Es ist genauso kurz und prägnant wie »shit« und hat dieselbe Bedeutung im wörtlichen und im übertragenen Sinn: »crap«.

Dieses Wörtchen wäre nun vielleicht gar nicht der Rede wert, wäre da nicht seine interessante Herkunft. Wir haben ja die Angewohnheit, viele Dinge nach ihren (echten oder vermeintlichen) Erfindern beziehungsweise Entdeckern zu benennen, wie zum Beispiel den Dieselmotor nach Rudolf Diesel oder die »Alzheimer«-Krankheit nach Dr. Alois Alzheimer. So ähnlich steht es mit einem Mann namens Thomas Crapper. Poor man! Er war natürlich nicht der Erfinder von Crap, Scheiße an sich, er war noch nicht einmal der Erfinder der Toilette. He wasn't even the inventor of the toilet. Tatsache ist – fact is, he owned a plumbing business – einen Klempnerbetrieb – in London im 19. Jahrhundert. Außerdem besaß er ein Patent, a patent on the »Silent Valveless Water Waste Preventer«, eine tolle neue Toilettenspülung, ganz ohne Ventile. Aus diesem Grund stand auf den Klospülungen »T. Crapper – Chelsea«. Als dann im Ersten Weltkrieg die amerikanischen Soldaten auf ihrem Streifzug durch England auf allen Toiletten diese Inschrift sahen, erfanden Sie den Slang »Crapper« für Toilette. Und irgendwann wurde das, was da in der Toilette landete und ventilfrei hinuntergespült wurde, »crap« genannt.

Sie sehen also, ich muss nicht immer nur über das eine Thema reden.

Wie gefällt Ihnen übrigens diese Aussicht über London – this view across London? Breathtaking, isn't it? Yes, this is a gem of a park. Gleich nebenan ist übrigens ein großer Friedhof, der Highgate Cemetery (ausgesprochen *semitri*), auf dem viele Berühmtheiten, wie beispielsweise Karl Marx, begraben sind. Aber da gehen wir jetzt nicht hin. Wir haben es uns ja gerade erst auf dieser Parkbank gemütlich gemacht. Have you seen the name plate on it – das Namensschild? Wie auch in vielen deutschen Parks tragen sie die Namen der jeweiligen Stifter. Wie viel so eine Parkbank in London kostet? – No idea. Keine Ahnung.

Aber wie auch immer, anyway, do you have any idea what you would like us to talk about? Okay, Sie würden gerne wissen, warum es falsch ist, »Coffee to go« zu sagen? Nun – well, it isn't wrong. You could say it and everybody would understand you. Man sagt es hier nur einfach nicht. »Coffee – or whatever else – to go« ist nämlich einer der vielen Ausdrücke, die wir Deutschen aus dem Amerikanischen in unsere Sprache übernommen haben. Noch so ein Amerikanismus ist beispielsweise unsere Bezeichnung für »Chips«, die in England unweigerlich zu Missverständnissen führt. Denn die deutsch-amerikanischen »chips« heißen, wie sie ja bereits aus dem 3. Kapitel wissen, in England »crisps«. Wie gesagt, sind »chips« dagegen die dicke, fetttriefende englische Antwort auf unsere dürren Pommes Frites, die es hier übrigens auch gibt. Allerdings nur, soviel ich weiß, in den üblichen internationalen Fastfood-Ketten unter der Bezeichnung »French Fries«.

Ein Ausdruck, der ebenfalls aus Amerika kommt, ist »Wellness«. Die Wohlfühlwelle erreichte England schon Jahre vor Deutschland, der amerikanische Name hat sich aber bis heute auf der Insel nicht so recht durchsetzen können. Man spricht hier lieber von »pampering« (to pamper: verwöhnen, verhätscheln). Da gibt es »pampering massages«, »pampering baths« und »pampering treatments«. Aahh, I'd fancy a pampering massage right now – ich könnte mir so was jetzt richtig gut vorstellen …

Wie steht's? Möchten Sie noch etwas sitzen bleiben, oder würden Sie jetzt gerne ein bisschen spazieren gehen? Do you feel like a little stroll through the park? Wir können uns ja nebenbei über noch mehr Verwechslungswörter unterhalten. Die gibt es nämlich zuhauf, auch ohne die Einmischung der Amerikaner.

Lassen Sie mich überlegen, welche Beispiele Ihnen imponieren könnten … oh, da haben wir ja bereits eines: imponieren. Das wird von uns Deutschen gerne als »impose«

übersetzt, ist aber leider falsch. »To impose« heißt etwas ganz anderes, und zwar »aufdrängen«, »auferlegen« oder »aufbürden«, was also beispielsweise das englische Parlament mit seiner neuen Importsteuer für die Amerikaner machte: It imposed a new import tax on the Americans. Nein, »imponieren« heißt »to impress«. I don't want to impose myself on you, I just want to impress you a little bit!

Schauen Sie mal, da drüben sind die Vogelkäfige …

Ach, Sie mögen es nicht, wenn Tiere eingesperrt werden? Prinzipiell nicht? Dann sagen Sie mir das jetzt bitte auf Englisch. Vorsicht vor Verwechslungen! »Principally«? Gut gedacht, aber leider falsch. I'm afraid you're wrong. Die richtige Antwort lautet: »*on* principle«. You don't like animals being encaged on principle. »Principally« bedeutet dagegen wieder etwas ganz anderes, und zwar »hauptsächlich«.

Übrigens, was die Vögel betrifft, so sind das ausschließlich kranke Vögel aus dem Park, die hier behandelt und dann wieder gesund in die Freiheit entlassen werden.

Für weitere Verwirrung sorgt auch die Erfindung »englischer« Produktnamen für den deutschsprachigen Markt. Da haben wir beispielsweise das pseudo-englische Wort »Handy«. Ein Begriff, der weder im Englischen noch im Amerikanischen benutzt wird.

In Amerika wird ein Handy »cell phone« oder einfach nur »cell« genannt. Und in England nennt man das Handy »mobile phone« beziehungsweise »mobile«. Auf dem schicken sich die Engländer übrigens auch keine »SMS«, sondern a »text message« bzw. einfach nur »a text«.

Huch, ist es wirklich schon so spät? Dann gibt es jetzt noch schnell die Fragen und danach muss ich mich sputen. Ich habe nämlich einen Arzttermin – a doctor's appointment.

Auf die Schnelle

1) »Ich war gerade im Begriff, etwas zu tun« oder »ich wollte gerade etwas tun«.

2) Das Handy, wenn möglich auf Englisch und auf Amerikanisch.

3) »Vorsicht!«

4) »leider«

5) Die Verwechslungswörter »prinzipiell« und »imponieren«

6) »Ich hätte jetzt Lust auf …« Bitte zwei verschiedene Ausdrücke. Kamen alle beide im Kapitel vor.

7) »eine SMS schicken«

8) Zum Abschluss noch ein leichtes Häppchen: »Ausblick über London«. Mich interessiert hier natürlich vor allem das »über«.

… sorry, I'm in a hurry – ich hab's eilig – no answers today …

... just kidding ...

... hier sind sie

Der Ausruf »Vorsicht!« wird meistens in der Eile mit einem wörtlichen »Careful!« übersetzt. Nicht falsch, aber probieren Sie zur Abwechslung auch einmal »Watch it!« oder »Watch out!« aus. »Leider« wird gerne der Einfachheit halber mit »unfortunately« übersetzt. Das ist zwar nicht grundverkehrt, klingt aber leider leicht pathetisch, genau wie unser deutsches »unglücklicherweise«. Ach, wie wunderbar, da bin ich ja gerade wieder auf ein »Verwechslungswort« gestoßen. Hätten Sie »pathetisch« auf die Schnelle mit »pathetic« übersetzt? Ganz ehrlich!? Wäre nämlich, wie zu erwarten war, vollkommen falsch. Das englische »pathetic« bedeutet so viel wie »kläglich« oder »bemitleidenswert«.

Aber zurück zu »leider«. Dafür haben die Engländer einen eleganten Ausdruck: »I'm afraid ...« Eine Aussicht über London ist »a view across London«. Ich war gerade im Begriff, etwas zu tun: »I was just about to do something.« Das Handy nennt man kurz »mobile« (UK) oder »cell« (USA). »Eine SMS schicken« heißt »to send a text message«, »to send a text« oder schlicht und einfach: »to text«.

»On principle« bedeutet »prinzipiell« und »to impress« »imponieren«, »beeindrucken«. Der Satz mit der Lust: »I'd fancy ... now« oder »I feel like ... now«. (An ice cream? A cup of tea? A pampering massage? – Fill in whatever you like!)

Well, I'm afraid I have to leave for my doctor's appointment now. Treffen wir uns später wieder? Ja? Sehr schön. Sie können sich ja inzwischen den »Highgate Cemetery« anschauen. Ich hole Sie dann gegen 18 Uhr am Ausgang ab.

All right?

Bis dann, see you later!

Another Pint of Beer, please!

oder

Teetrinken – eine Frage der Moral

I'm in a lousy mood. I've been waiting for you since 6 o'clock. Ich hätte ja gar nicht verlangt, dass Sie Punkt 18 Uhr hier sind – at 6 o'clock sharp oder on the dot. Aber ich warte seit über einer halben Stunde auf Sie. I've been waiting for you for more than half an hour!

… You're really, really sorry about this? The guiding tour started late? And you couldn't get hold of me, because you didn't have my mobile phone number? Naja, wenn das so ist … und da haben Sie sich das Wort »mobile phone« auch gleich so schön gemerkt, da kann ich ja gar nicht böse sein. All right, I'm not cross with you anymore. War's denn gut? Did you enjoy the tour? Yes?

Aber bleiben wir einmal bei den Uhrzeiten. Kennen Sie eigentlich noch »a. m.« und »p. m.« aus dem Englischunterricht? Wofür standen diese Kürzel noch mal? Genau, »a. m.« steht kurz für das lateinische »ante meridiem«, also die Zeit *vor* (12 Uhr) Mittag, und »p. m.« steht für »post meridiem«, die Zeit *nach* (12 Uhr) Mittag. Wir haben also bereits zwei Möglichkeiten, 18 Uhr auf Englisch zu sagen. Entweder langwierig: »six o'clock in the evening« oder ganz schnell: »six p. m.«

Die wörtliche Übersetzung aus dem Deutschen, »eighteen o'clock« (Autsch!), ist natürlich nicht möglich, allerdings darf man in unserem digitalen Zeitalter auch gerne »eighteen hundred« sagen. Auch möglich: »eighteen hundred hours«. Wer's mag …

Jedenfalls haben wir noch den ganzen Abend vor uns. Sind Sie hungrig? Dann könnte ich Ihnen nämlich gleich eine englische Institution vorstellen: das ursprüngliche englische »Café«, kurz »Caf'« genannt. Hier trifft man vor allem Handwerker, Elektriker oder Taxifahrer beim Essen oder bei ihrer Teepause an. Nicht zu verwechseln mit dem anderen »Café«, diesem relativen Neuankömmling, über den wir ja schon geredet haben. Das gute, alte, immer billige und allerorts beliebte Caf' wird vor allem von der älteren Generationen gerne auch »greasy spoon« genannt, wörtlich »fettiger Löffel«, und dieser Ausdruck trifft die Sache recht gut: Hier gibt es chips, sausages, bacon, white toast, ham and eggs, burgers in all variations … kurz, alles, was den Cholesterinspiegel freudig in die Höhe treibt. Für deutsche

Mägen vielleicht ein wenig gewöhnungsbedürftig, aber auf alle Fälle einen Besuch wert.

Nein? Sie sind gar nicht hungrig? You're not really hungry? Sie würden jetzt am liebsten ein Bier trinken gehen? Weil das letztens schon so nett und gemütlich war? Meinetwegen gerne. Ich frage mich nur, was mein Verleger dazu sagen wird, wenn wir schon wieder in einem Pub landen. Kann ich Sie nicht doch noch zu etwas anderem überreden? Can't I persuade you …? Ach so, Sie bestehen darauf. You're insisting. Weil ich im Vorwort versprochen hatte, dass es hier nicht wie im Lehrbuch zugeht, sondern dass Sie mein Gast sind und Spaß haben dürfen. Und Ihnen außerdem ihr englischer Freund, wenn Sie einen hätten – if you had one –, diese Bitte nie und nimmer abschlagen würde. All right. You've convinced me – Sie haben mich überzeugt.

Dann gehen wir am besten gleich hier ins »Lord Palmerston«. Ein moderneres Pub zur Abwechslung – for a change. I hope you like it. Darf ich eigentlich wieder über Tee reden? Wirklich nicht? Ich hätte da nämlich ein wunderbar abfälliges Zitat… aber wenn Sie nicht interessiert sind … Doch? Yes? Hat Sie das Wort »abfällig« neugierig gemacht? Hervorragend. Es handelt sich um einen Auszug aus einer Schrift des Sozialkritikers William Cobbett aus dem 19. Jahrhundert. Es wird Sie amüsieren – you will be amused.

Zur Unterstützung vorab ein kleines Glossar:

gossip – Tratsch
preparatory – Vorbereitungs-
brothel – Bordell

Und hier das Zitat:

»Tea drinking corrupts boys as soon as they are able to move from home and does little less for the girls to whom the gossip of the tea table is no bad preparatory school for the brothel.«

Dieser Satz steht unter Herrn Cobbetts Motto: »The Evils of Tea and the Virtues of Beer.« Wollen Sie noch mehr davon hören? Dann brauchen wir zuerst noch ein Bier von der Bar, weil es ja so gut für uns ist …

… und weiter geht's mit Cobbett:

»I view the tea drinking as a destroyer of health, an engenderer of effeminacy and laziness, a debaucher of youth, and a maker of misery for old age.«

Auch ohne jedes einzelne Wort zu kennen, haben Sie sicherlich den Sinn verstanden – I'm sure you got the gist of it. Da ich aber kein Spielverderber sein möchte – a spoilsport – hier nachträglich wieder eine Hilfsliste:

destroyer – Zerstörer

engenderer – Verursacher, Erzeuger

effeminacy – Verweichlichung

debaucher – Verführer

misery – Elend

Keine Angst, von diesen Wörtern brauchen Sie sich von mir aus keines zu merken.

Was sagen Sie? Sie bekommen gerade verdammte Lust auf so eine richtig verruchte Tasse Tee? Quite. Genau. Ich wusste doch, dass ich Sie wieder rumkriege. Aber bis zum nächsten Kapitel müssen Sie schon noch warten.

Einstweilen müssen wir eben mit unserem Bier vorliebnehmen. Macht nichts. Never mind. Immerhin gehört Bier genauso zu London wie Tee. Prost! Cheers!

Ich habe Ihnen doch schon von den 20 000 Londoner Pubs im 19. Jahrhundert erzählt. Etwa eine halbe Million Londoner sollen bereits damals täglich ins Pub gegangen sein. Ein Jahrhundert davor gab es zusätzlich zu den Pubs noch die sogenannten (na, haben Sie sich »sogenannte« gemerkt? – Ja genau: »so-called«), also, da gab es die sogenannten – the so-called gin houses. Die waren die einzige Alternative für all diejenigen, die sich kein Bier leisten konnten. Denn bei diesem »Gin« handelte es sich um ein äußerst gefährliches, hochprozentiges Billiggesöff für die Armen. Die »Nebenwirkungen« waren entsprechend.

Augenzeugen berichteten von den typischen »Gin-Leichen«, die Londons Straßen damals charakterisierten. Aber auch heutzutage wird in Englands Hauptstadt noch gerne und viel gezecht. Eine Studie namens *Survey of Alcohol Needs and Services* ergab, dass immerhin eineinhalb Millionen Londoner regelmäßig über das empfohlene Alkoholmaß hinaus trinken, davon eine Viertelmillion in einem gefährlichen Ausmaß. So ein Verhalten schlägt sich natürlich auch in der Sprache nieder. Peter Ackroyd listet in seinem Buch *London – The Biography* die vielen Ausdrücke für »Betrunkener« beziehungsweise »Trinker« und »betrunken« auf. Da gibt's die »drunkards«, »soaks«, »whets«, »topers«, »piss-heads« oder »piss artists«, und die sind: »boozy«, »fluffy«, »well-gone«, »legless«, »crocked«, »pissed«, »wrecked«, »paralytic«, »rat-arsed«, »shit-faced«, »arse-holed«, »up the Monument«, »half seas over«, »on a bender«, »out of it« oder »off their tits«.

Oh je, wenn man vom Teufel spricht – speaking of the devil – da drüben steht mein alter Freund Danny an der Theke – at the bar. Häufiger deutscher Fehler: *On* the bar. Da stünde er dann nicht *an* der Theke, sondern gleich oben drauf ... Na so was, Sie hören mir ja gar nicht mehr richtig zu. Please don't keep looking at my friend, you're drawing his attention. So machen Sie ihn ja noch auf uns aufmerksam. Warum ich das nicht will? Nun, wie soll ich das erklären – how to explain – er ist, na ja, ein netter Kerl, aber er

ist eben auch ein, nun, für welches Wort soll ich mich entscheiden ... ein ... ja, eben ein piss-head. Und wenn er
getrunken hat, wird er laut und flucht und ich weiß wirklich nicht, ob das jetzt für uns das Richtige ist ... Oh no, he's
spotted us – er hat uns entdeckt. Here he comes. Oh je,
schwankt der. Das kann ja lustig werden. »Hi Claudia, how
are you doing?« »I'm fine, thanks. How are you?« »Fucking
great!« Da, was habe ich gesagt, das wird jetzt so weiterge-
hen. »And who is that lovely person you're with?« »This is
my reader from Germany.« »Oohh! Very pleased to meet
you. Can I get you a drink?« Warten Sie, ich hab da schon
eine Ausrede parat: »Well, you know, Danny, we were just
about to ...« »*Yes, another pint of beer, please.*« Oh nein,
was tun Sie uns da an?

»Same for you, Claudia?« I give up – oder auch sehr pas-
send: I resign myself to the situation. »Okay then, I'll have
another pint, too.«

So ein Schlamassel. Er lallt sogar schon! Ach ja, da fällt
mir ein, dass es im Englischen trotz seines reichen Wort-
schatzes rund um den Alkoholkonsum gar keine Übersetzung für »lallen« gibt. Höchst interessant! Aber wie auch
immer, ich übernehme ab jetzt für nichts mehr die Verant-
wortung. Was Sie jetzt lernen ... ah, da kommt er ja schon
wieder zurück. »Bitte scheein, liebes reader ... huh, now
you're surprised! Yes, ick sprecke Deutsch ein klein biss-
ken. I was in Germany a couple of years ago with this lovely

lady (ja, ja, damit meint er mich). Had a great time!« »You know what, Danny? That was almost seven years ago!« »That long? No way! You're taking the piss!« »Oh no! I can't believe it! Ich glaub's einfach nicht! Dannie, you've just given away my phrase!« »Huh?« Ah, jetzt schaut ihr mich beide fragend an. Vielleicht hätte ich es einfach lässig übergehen sollen, und keiner hätte was gemerkt. »To take the piss«, das war doch meine lang angekündigte, derbere Variante zu »to pull someone's leg« oder »to kid somebody«… Oh well, never mind – macht nichts. Dann wissen Sie's eben jetzt schon.

»So, you've written a book? What is it about?« Hm, gar keine einfache Frage. Um was geht's hier eigentlich? »It's just a little book about tea and other trivialities.« »Give me an example.« Nun, da Sie uns schon mal in diese Lage gebracht haben, finde ich, dass Sie jetzt dran sind, I think it's your turn. You tell him! »*For example, we were talking about the Boston Tea Party and the War of Independence.*« (Sehr gut!) »That's not trivial! Did Claudia explain to you why the fucking Americans really wanted to be fucking independent?« Ich habe ja gesagt, Sie lernen hier kein gutes Englisch. Ich hab langsam die Nase voll. I'm starting to get fed-up. Aber gut, Ihnen zuliebe werde ich ihn nicht unterbrechen. I won't interrupt him. »I'll tell you. It was because of all those rich bastards like Thomas Jefferson. He owned something like five million square miles of land! Of course he didn't want to lose all that! And that's nothing compared to some other landowners like that bastard from North Carolina who had bought land the size of Kentucky. He had bought it off the Cherokees for peanuts! People like him had to protect what they had.« Wow. »Anyway, can't leave my mates waiting for much longer. I'm off. See you around, you two!«

Na, das war ja ein schneller Abgang …

Ob alle meine Freunde so sind wie Danny? Um Himmels willen, nein. Ich muss Ihnen bei Gelegenheit einmal von meinem Freund George erzählen. Ich habe ihn beim »Fish & Chips«-Essen ja schon kurz erwähnt. Aber ich glaube, für heute reicht's. Und ich habe auch ein bisschen zu viel getrunken. Sie auch?

»I'm off my tits.«

Quite.

Ob Rausch oder nicht, ein paar Fragen müssen sein

1) »böse auf jemanden sein« oder »verärgert sein«

2) »Macht nichts.«

3) »die Aufmerksamkeit einer Person auf sich ziehen«

4) »Wie soll ich das erklären?«

5) »A couple of years.« Können Sie sich denken, an wie viele Jahre Danny da denkt?

6) Jemandem etwas »für einen Appel und ein Ei« abkaufen, wie man ursprünglicherweise im Niederdeutschen sagt.

7) Jetzt bin ich aber gespannt, ob Sie aufgepasst haben. Ich möchte von Ihnen nämlich *zwei* Wörter für »seit«, und vielleicht auch gleich noch eine Übersetzung für »Punkt 6 Uhr« wissen.

8) Wie spät ist es denn jetzt eigentlich? 23 Uhr? Sagen Sie mir das doch bitte auf Englisch, und zwar drei Variationen, bitte. Dann ist auch Schluss für heute.

Die Antworten

Streng genommen handelt es sich bei »a couple of« um ein Paar, wie der Name schon verrät, also um »zwei«. Umgangssprachlich wird dieser Ausdruck aber gerade dann gerne verwendet, wenn man sich gar nicht so sicher ist, ob es eigentlich genau zwei oder vielleicht doch schon drei (Jahre oder was auch immer) sind. »Für einen Appel und ein Ei«, ein ähnliches Konzept auf Englisch: »for peanuts«. Verärgert oder böse auf jemanden sein: »to be cross with somebody«. Ein langweiliges »I'm angry with somebody« tut es auch noch, aber den Ausdruck »to be pissed off with somebody« überlassen wir besser Danny. »Wie soll ich das erklären?« – die wörtliche Übersetzung »How *shall* I explain (this)?« ist eher ungewöhnlich. Viel besser ist: »How *can* I explain (this)?«, »How *do* I explain (this)?« oder – wie im Kapitel: »*How to* explain (this)?« Also, das mit dem »seit« ist eine verflixte Sache. Wartet man seit einem bestimmten Zeit*punkt,* also zum Beispiel seit sechs Uhr, dann sagt man »since«. Wartet man dagegen seit einem gewissen Zeit*raum,* dann sagt man »for«, also zum Beispiel seit zwei Stunden, for two hours. Klingt einfach, wird aber immer und immer wieder falsch gemacht. »For« also bitte ganz, ganz fest merken! Aber egal, ob »since« oder »for«, den Satz bitte immer ins Present Perfect setzen. Präsens hat hier nichts zu suchen! Wenn das nicht immer gleich klappt, macht's auch nichts – never mind. Übung macht den Meister.

»Die Aufmerksamkeit einer Person auf sich lenken«: »to draw somebody's attention to oneself«. Die Uhrzeit: »eleven o'clock in the evening«, »eleven p. m.« oder »twenty-three hundred (hours)«. Früher, das heißt vor gar nicht allzu langer Zeit, hätte ich außerdem zu bieten gehabt: »locking-up time« oder »closing time«. Da mussten alle Pubs nämlich brav um elf Uhr ihre Türen schließen. Jetzt darf jedes Pub selbst entscheiden, wie lange es geöffnet bleibt.

Nicht vergessen, morgen früh zum Tee! Wäre neun Uhr recht? Nine a. m.? Muss auch nicht haargenau um neun Uhr sein – nine on the dot, oder nine sharp. Sometime around nine is fine. Looking forward to seeing you again!

How to be a Happy Vegetarian

oder

Wie duzt man sich auf Englisch?

Good morning. How nice to see you. Did you manage to go to sleep all right after last night's drink?

Between you and me – ganz unter uns –, I've got a splitting headache. I'm just not used to drinking anymore. Ich bin's einfach nicht mehr gewöhnt. Und deshalb gibt es jetzt gleich eine ganze Kanne Tee. Das wird uns guttun. Bitte sehr. Here you are.

Did you enjoy yourself yesterday? Hat's Ihnen gefallen?

Was, Sie fanden Danny einfach einen super Typen? Pull the other one!

After all, I don't regret meeting him. Letztendlich bereue ich es nicht. Never mind his »fucks« and »bastards«. Auch das gehört zu England.

Aber was ich Sie schon gestern fragen wollte, eine typisch deutsche Frage, denn im Englischen stellt sie sich gar nicht erst: Wie wär's, wenn wir uns duzen? Ich meine, wir haben schon ein paar Tassen Tee miteinander getrunken, waren zusammen beim »Fish & Chips«-Essen, waren zweimal miteinander spazieren, einmal zusammen im Café und zweimal im Pub. Da sind wir uns doch wirklich langsam vertraut genug, oder?

Das finden Sie auch? Da bin ich aber erleichtert. I'm relieved. Ich habe nämlich so lange in England gelebt, dass ich mir gar nicht mehr so sicher bin, wann ein Wechsel vom »Sie« zum »du« angebracht ist – when it is appropriate. I'm quite confused.

In England ist das alles ganz einfach. Nicht nur, dass »du« und »Sie« in einem allgemeingültigen »you« vereint sind, man ist auch ansonsten lässiger in der Anrede.

Ein Beispiel: Ich besuche einen neuen Zahnarzt, er betritt das Wartezimmer – enters the waiting room, shakes my hand and says: »Hi, I'm Adam.«

Nächstes Beispiel: Ich fange eine neue Arbeit bei einer Firma an, mein Vorgesetzter kommt auf mich zu, heißt mich willkommen und stellt sich als »Chris« vor.

Äußerst anschaulich wurde mir die unterschiedliche Umgangsweise bei meinem Umzug zurück nach München präsentiert: Ich hatte eine deutsche Logistikfirma mit der Lieferung der Möbel beauftragt. Per E-Mail bekam ich alle relevanten Informationen zugeschickt. Da stand unter anderem:

Ansprechpartner in Deutschland: Herr Weiglhofer

Ansprechpartner in England: Andrew

Ich sollte vielleicht noch anfügen, dass ich bereits mehrfach mit Herrn Weiglhofer telefoniert hatte, wohingegen mir Andrew noch vollkommen unbekannt war.

Allerdings gleich eine Warnung an dieser Stelle. Ein englisches »Andrew« ist noch lange nicht so intim wie ein deutsches »Andrew«. Für uns Deutsche bedeutet der Wechsel zum »Du« eine Veränderung der Beziehung (wie in unserem Fall!). In England kann das zum Fettnäpfchen werden. Als deutscher Englandbesucher fühlt man sich natürlich geehrt, wenn man unerwartet schnell die Anrede mit dem Vornamen, also quasi das »Du«, angeboten bekommt. Oft wird das dann als Aufforderung missverstanden, einen familiären Ton anzuschlagen. Aber so ist das gar nicht gemeint. Don't put your foot in it! Ein Boss bleibt ein Boss und ein Zahnarzt ein Zahnarzt. Nur darf man sie eben mit dem Vornamen anreden.

Können Sie mir … Entschuldigung, kannst *du* mir bei dieser Gelegenheit gleich mal sagen, was »Vorname« auf Englisch heißt? – »Christian name«? Ja, das ist der Ausdruck, den ich auch in der Schule gelernt habe. Er ist inzwischen aber Gott sei Dank etwas veraltet. Immerhin sind ja nicht alle Einwohner Englands Christen. Viel gebräuchlicher ist heute der Ausdruck »first name«.

Da fällt mir ein, dass du zwar meinen Vornamen kennst – that you know my first name – aber ich nicht den deinen. Wie schade. What a shame. Aber da kann man nichts machen. Nothing we can do about it.

Weiter geht's. Am besten, wie versprochen – as promised – mit einer kleinen Geschichte, die ich mit meinem Freund George erlebt habe. George stammt aus einer unheimlich reichen Familie und ist daher »a man of independent means«. »Means« bedeutet »Vermögen«, das in seinem Fall ganz einfach vorhanden ist, unabhängig – independent – von Arbeit oder sonstigen Mühen. Und weil George so viel davon hatte und ich meinerseits so wenig, führte er mich gerne aus – he liked taking me out … Also nein, was du dir jetzt gleich denkst! Nein, er wollte nichts von mir – *he* didn't fancy *me* and *I* didn't fancy *him*. Ours was a purely platonic relationship. Honestly.

Also, zu unserer Geschichte. Als Münchnerin bekam ich an schönen Sommertagen immer so ein komisches Gefühl, ich will es einmal »Biergartenkribbeln« nennen. Unter der Woche passierte das immer so gegen 18 Uhr – around 6 p. m. –, am Wochenende natürlich schon viel früher. In solchen Momenten nahm mich dann George, falls er anwesend war, schnell unter den Arm und brachte mich zu irgendeinem Restaurant oder Pub mit Garten. Auf diese Weise landeten wir eines Tages im »Vine«, einem sehr netten Pub in Highgate. Dort heißt der Garten passenderweise »Beer

Garden«, auch wenn man sich sein Essen nicht selbst mitbringen darf. »The Vine« war bekannt für – was known for its sausages. Neben einer großen Auswahl an »normalen« Würsten gab es da sogar auch vegetarische. Auf Englisch: »vegetarian sausages« (ausgesprochen: *vedschtäriän*), umgangssprachlich auch »Veggie (*vedschi*) sausages« genannt.

George und ich waren über diese Auswahl erfreut, weil wir beide Vegetarier sind. Normalerweise hätten wir zwar vegetarische Würste von Haus aus abgelehnt. Wir hatten nämlich genug Erfahrung, um zu wissen, dass es so etwas wie eine leckere und saftige vegetarische Wurst einfach nicht gibt. Aber das »Vine« war ja, wie gesagt – as I said, known for its sausages.

And that's why we decided to give them a try. Ich gab also meine Bestellung auf: »I take the veggie sausages, please.« Autsch, sehr deutsch und leider falsch. Hast du's gemerkt? Also, richtig war immerhin das Wort »please«, »bitte«, das in England noch größere Bedeutung hat als bei uns. »Veggie sausages« war natürlich auch richtig – correct. Und trotzdem war mir in diesem kleinen, unscheinbaren Satz, den jeder Anfänger im Rahmen der ersten drei Englischstunden lernt, ein grundsätzlicher Fehler unterlaufen. Die wörtliche Übersetzung unseres Wortes »nehmen« – »to take« – ist zwar verständlich, aber unangebracht. Der Engländer »nimmt« nicht, sondern er »wird etwas haben« – he will have something. Die richtige Bestellung lautet also:

»I'll have the veggie sausages, please.« Es gibt natürlich noch andere gültige Varianten, wie zum Beispiel »Can I have the veggie sausages, please?« oder »Could I have the veggie sausages, please?« Oder, wie sich mein höflicher Begleiter ausdrückte: »I would like the veggie sausages, please.«

Daraufhin stellte uns die Bedienung ein paar Fragen – she asked us a few questions, whether we wanted to have mashed potatoes – Kartoffelbrei – or chips (genau, die leckeren dicken, weichen, fetttriefenden Dinger), and whether we preferred mayonnaise or ketchup ... Wie bitte? Du meinst, ob man hier »ein paar Fragen« auch mit »a couple of questions« übersetzen könnte? Na, und ob! I'm proud of you. Denn es waren ja letztendlich nur zwei Fragen, die sie uns gestellt hatte. Hätte sie aber vier oder fünf Fragen gestellt, dann müssten wir bei »a few« bleiben. Hätte sie uns gleich mit sechs oder sieben Fragen bombardiert, also mit »several questions«, wären wir wahrscheinlich genervt aufgestanden und in ein anderes Pub gegangen. Was sehr schade gewesen wäre, denn wir sollten an diesem Abend tatsächlich noch einen kulinarischen Hochgenuss erleben.

After a while the waitress came with our two plates of sausages. They looked yummy – lecker – juicy – saftig – and mouth-watering – sie ließen einem das Wasser im Munde zusammenlaufen, kurz und gut – in short, not at all like the usual boring, dull, dry, insipid (»fade« – tolles Wort, merken!) veggie sausages. We were impressed – wir waren beeindruckt. Und dann probierten wir sie – we tasted them. We couldn't believe it! They *were* juicy and yummy and also … very meaty! Sie schmeckten wie richtige Fleischwürste – toll! In diesem Moment waren wir glückliche Vegetarier – happy vegetarians indeed.

In den kommenden Tagen erzählten George und ich aufgeregt jedem unserer Freunde – Vegetarier oder nicht – von diesen wunderbaren, fleischlosen Würsten.

Voller Vorfreude gingen wir nach zwei Wochen wieder in unser Highgate Pub. Same waitress, same table, same order, same couple of questions. Alles genauso wie zwei Wochen zuvor. Die abendliche Sonne schien noch mild auf uns herab und ein angenehmes Lüftchen wehte, als wir mit unserem Radler, auf Englisch »Shandy«, auf die bevorstehende Schlemmerei anstießen.

Unsere Bedienung kam schließlich und stellte uns zwei Teller mit Würsten auf den Tisch. Aber – nein, NEIN, these were NOT our yummy, juicy, meaty, mouth-watering sausages. Not at all! Überhaupt nicht! These sausages looked dry, dull and insipid. So, wie vegetarische Würste eben nun einmal aussehen. Plötzlich wussten wir, was passiert war! Die Bedienung hatte uns zweifellos – without doubt – das erste Mal die falsche Bestellung gebracht. Unsere Enttäuschung war so groß, dass wir uns auf der Stelle überlegten, einfach wieder die Fleischwürste, die uns so gut geschmeckt hatten, zu bestellen. Die Versuchung war groß. Aber es war unmöglich. Schließlich sind wir doch Vegetarier.

Ob ich verärgert darüber war, dass die Bedienung zwei Wochen zuvor einen Fehler gemacht und ich deshalb Fleisch gegessen hatte? Was I upset? Keineswegs – by no means. Ich erinnere mich heute noch an den Genuss. Und in aller Unschuld musste ich kein schlechtes Gewissen haben – no bad conscience at all.

Another test, as expected – wie zu erwarten war

1) Nicht unwichtig: »das schlechte Gewissen«

2) Bitte zwei Möglichkeiten, um »überhaupt nicht / keineswegs« auszudrücken. Eine davon kam ja schon öfter vor.

3) Wie nennt man einen Mann, der so viel Geld hat, dass er nicht arbeiten muss?

4) Wichtiger Ausdruck: »unter uns«

5) »Das kannst du mir aber nicht weismachen!«

6) Und noch ein wichtiger Ausdruck: »ins Fettnäpfchen treten«. Ich gebe zu, der war leicht zu überlesen.

7) »angebracht«

8) »verärgert sein über etwas« im Sinne von »aufgebracht, außer Fassung sein«

9) Alle diese Wörter zum Abschluss: »lecker«, »fade«, »saftig«, »zum Wasser im Munde zusammenlaufen«. Also wenn etwas wirklich lecker aussieht.

10) »Vorname«

... and the answers, as expected

Rollen wir das Ganze gleich von hinten auf: Wenn etwas lecker aussieht und uns dabei das Wasser im Munde zusammenläuft, können wir das im Englischen wunderbar mit »mouth-watering« ausdrücken. Wenn's dann noch lecker schmeckt, ist es »yummy«. Es gibt übrigens einen amerikanischen Schlager aus dem Jahr 1968 namens »Yummy, yummy, yummy, I got love in my tummy« von den Königen des Bubblegum-Sounds, *Ohio Express*. Was »tummy« bedeutet? Das ist ein nettes, umgangssprachliches Wort für »Bauch«.

Dann hätten wir noch »fade« und »saftig« übrig, ersteres heißt »insipid«, letzteres »juicy«.

Wenn man so richtig über etwas aufgebracht ist, sagt man »I'm upset (about something)«. »Ins Fettnäpfchen treten«: »to put your foot in it.«

Der »Vorname« ist in England der »Christian name« oder der angebrachtere – the more appropriate »first name«. Für den »Nachnamen« haben wir gleich drei Möglichkeiten: »surname«, »last name« oder »family name«.

Stelle dir nun die folgende Situation vor: Jemand hat gerade versucht, dich zum Besten zu halten, someone tried to pull your leg. Das Rumgeziehe hat aber nicht funktioniert, du glaubst ihm nicht. Das kannst du nun sehr schön zum Ausdruck bringen, indem du ihn sarkastisch dazu aufforderst, doch mal das andere Bein auszuprobieren: »Pull the other one!« – »Das kannst du mir aber nicht weismachen!« beziehungsweise »Das glaubst du doch selbst nicht!« Und wenn du dem noch eins oben drauf geben willst, erklärst du zusätzlich: »It's got bells on it!« Um dich reinzulegen, muss er sich eben schon etwas Besseres einfallen lassen!

Der besagte reiche Mann ist ein »man of independent means«. Aber unter uns – between you and me, just call him »a good match« – eine gute Partie. »Keineswegs«: entweder »not at all« oder für Fortgeschrittene: »by no means«. Gibt's noch weitere Möglichkeiten? Klar: »in no way« oder »not in the least«. Das schlechte Gewissen heißt »bad conscience«. Bist du dir ein bisschen unsicher, wie du es aussprechen sollst? Dann hier meine behelfsmäßige Phonographie: _konschens_. Eigentlich gar nicht schwer – im Vergleich zu so was wie »conscientious«. Aussprache erst mal selber ausprobieren. Die Auflösung gibt's im nächsten Kapitel …

Übrigens bestellt sich George gelegentlich noch die vegetarischen Würste. Er behauptet, sie schmecken ihm jetzt. Aber ich weiß es besser – I know better. He's hoping for the same waitress, the same couple of questions and … the same mistake.

Betty Botter and her Bitter Butter

oder

Wie das Sandwich zu seinem Namen kam

Ich muss sagen, nach der Kanne Tee geht es mir schon viel besser. Kein Wunder, dass die Engländer ihn als Allheilmittel verehren. Ob Kopfweh, Stress oder Lebenskrise – Have a cup of tea!

Was meinst du dazu? Wie fühlst du dich denn jetzt?

Da wären wir eigentlich auch schon bei der nächsten Lektion: der Frage nach dem Befinden. Wie geht es dir? Die einfache Übersetzung »How are you?« kennst du natürlich. Ich möchte dir aber unbedingt ein paar schöne, umgangssprachliche Varianten mit auf den Weg geben: How are you doing? How are you going? How's it going? How are things?

Kannst du mir auch gleich eine Antwort geben?

Ja, ja, ich weiß, jetzt bist du befangen – self-conscious (ausgesprochen *selfkonschess)*, weil du eine Falle vermutest. Warum sonst sollte ich auch sooo etwas Einfaches fragen? Why would I ask something so simple? Du findest das gemein von mir? Mean of me? Well, I just want to make sure – Ich will nur sichergehen – that you know the basics – die Grundlagen.

Also?

»*I'm good.*« That's what I mean. Genau das meine ich. In deiner Antwort zeigt sich bereits, dass sogar die Grundlagen komplizierter sein können, als man denkt. Bis vor einigen Jahren hätte die Aussage »I'm good« nur eine einzige Bedeutung gehabt, und zwar nicht »mir geht es gut«, sondern »ich bin brav«. Damit hätte ich dich aufziehen können, zum Beispiel so: »Are you really? Does this mean you've done your tests conscientiously (ausgesprochen konschienschessli) – gewissenhaft?« Anschließend hätte ich dich darüber aufgeklärt, dass ich eigentlich auf die Antwort »I'm well« oder »very well« aus gewesen war. Du hättest dagegen die beleidigte Leberwust spielen und – in bestem Englisch – grummeln können: I'm not well at all, by no means, in no way and not in the least! Die Zeiten haben sich aber zu deinem Vorteil verändert, und das haben wir den Amerikanern zu verdanken. Aufgrund ihres lässigen Umgangs mit der englischen Sprache ist »I'm good« auch im vereinten Königreich schon längst zum üblichen Slang für »Mir geht's gut« geworden. Deshalb musst du auch nicht beleidigt grummeln und ich meinerseits nicht versuchen, dich mit einer Tasse Tee aufzuheitern, to cheer you up with a cup of tea. Die könnten wir jetzt einfach so trinken, aus reiner Freude an der Sache! Wie wär's? ... Für heute hast du genug Tee getrunken? Wie wär's dann mit einem Sandwich? How about a sandwich? Let's have elevenses! Nein, nicht elf Sandwiches! »Elevenses« ist der umgangssprachliche Ausdruck für den kleinen Imbiss am Vormittag, das sogenannte zweite Frühstück gegen elf Uhr. Weißt du, da gehen wir am besten nebenan in die Sandwich Bar. Da gibt es eine viel größere Auswahl als in meinem Kühlschrank.

So, da wären wir. Eine tolle Auswahl, nicht? Such a good choice of fillings! Yummy! Und das hier ist noch nicht einmal eine außergewöhnliche Sandwich Bar. Was ich dir empfehlen kann? Let me see, what's on offer? Chicken Salad, Chicken & Bacon, Egg & Cress, Bacon, Lettuce & Tomato, Cheese & Onion, Prawn Mayonnaise, Prawn and Avocado, Tuna & Sweetcorn, Cheese & Ham, Cheese, Ham & Pickle, Salmon & Cucumber and Cheese & Tomato.

Nimm doch Chicken Salad. Das soll das meistgekaufte Sandwich in England sein. Do in Rome as the Romans do. Ich darf das ja nicht, weil ich doch, wie du weißt – as you know – Vegetarierin bin. Deshalb nehme ich ein anderes – I'll have Egg & Cress.

Hier geht's ganz schön zu, oder? Sandwiches gehören zum englischen Leben wie Tee. Ich werde dir das am besten mit ein paar Zahlen verdeutlichen: Jedes Jahr werden an die zwei Milliarden Sandwiches gekauft. Dazu kommt noch die Anzahl von Sandwiches, die sich die Leute selbst zu Hause machen. Die British Sandwich Association geht davon aus, dass in England jedes Jahr knappe elf Milliarden Sandwiches verzehrt werden. Das bedeutet, dass jeder Einwohner im Durchschnitt rund 200 im Jahr davon verspeist! Da drängt sich natürlich die Frage auf, seit wann es eigentlich Sandwiches gibt und warum sie so heißen. Es gab sie bereits im 18. Jahrhundert, also lange, bevor Anna Maria ... aber halt, bevor ich dich wieder mit einer meiner Geschichten langweile, gibt's diesmal zur Abwechslung ein Rätsel:

Das Sandwich ist benannt nach – is named after:

a) John Montagu, 4th Earl of Sandwich, einem legendären »Cribbage«-Spieler (Cribbage ist ein altes englisches Kartenspiel).

b) Den Sandwich Islands (heute »Hawaii«), die in der zweiten Hälfte des 18. Jahrhunderts von Captain Cook entdeckt wurden.

c) »The House of Sandwich«, einer Adelsfamilie, die legendärerweise zum Nachmittagstee diese Art von belegten Broten servierte.

d) Der Ortschaft »Sandwich« an der Südküste Englands, in der ein gewisser Howard Hey im 18. Jahrhundert die erste Sandwich-Bar der Welt aufmachte.

Well? … Du willst gleich die Lösung, bevor du dich wieder blamierst – before you embarrass yourself again? Ein für alle Mal – once and for all – hier ist gar nichts peinlich!

Na gut, dann eben gleich die Lösung – here's the solution: John Montagu, 4th Earl of Sandwich, Mitglied des »House of Sandwich«, lebte von 1718 bis 1792. Er war ein großzügiger Geldgeber James Cooks. Als der Kapitän das heutige Hawaii entdeckte, nannte er die Inseln deshalb in Dankbarkeit »Sandwich Islands«. Wenn John Montagu aber nicht gerade Geld ausgab, Politik betrieb oder mit Familie und Freunden Tee trank, saß er, so erzählt man sich, am Spieltisch und spielte Cribbage, ein Kartenspiel, das sich oft über viele Stunden hinzog. Man erzählt sich des Weiteren, dass Lord Sandwich, wenn er Hunger bekam, den Spieltisch nicht verlassen wollte. Deshalb ließ er sich bei Bedarf von einem Bediensteten ein Stück Fleisch zwischen zwei Scheiben Brot servieren. Und obwohl er sicherlich nicht als erster Mensch der Welt die Idee hatte, etwas Essbares zwischen zwei Scheiben Brot gepackt zu essen, war er derjenige, der dafür berühmt werden sollte. Hence the name – daher der Name.

Mit dem Städtchen Sandwich hat das Ganze nur insofern zu tun, als dass Edward Montagu, der erste Earl und Vorfahre John Montagus, eigentlich vorgehabt hatte, den Titel »Earl of Portsmouth« anzunehmen. Aber da seine Flotte an der Küste vor dem Ort Sandwich lag, änderte er seine

Absicht und nahm kurz entschlossen den Titel »Earl of Sandwich« statt dem eigentlich geplanten an.

Wäre der Earl bei seiner ursprünglichen Wahl geblieben, dann säßen wir jetzt hier in einer Portsmouth Bar beim Verzehr eines leckeren Portsmouth.

Sandwiches sind übrigens ... Wie bitte? Du hättest gerne eine Pause von meinen Belehrungen? Du möchtest etwas Lustiges zur Abwechslung? Etwas, das so richtig Spaß macht?

Na schön, wenn du nichts dagegen hast, dass wir das Thema Sandwiches im nächsten Kapitel zu Ende bringen, dann überlege ich mir, womit ich dich für den Rest dieses Kapitels bei Laune halten kann ...

Ah, ich hab's! I've got it! Ich stell dir zur Abwechslung ein paar Zungenbrecher vor.

Gleich mal aufgepasst! Hier stoßen wir nämlich schon wieder auf ein pseudo-englisches Wort im Deutschen: »Tonguebreakers«. In England bricht man sich aber nicht gleich seine Zunge, sondern man verdreht sie sich nur etwas. Und deshalb heißen sie »tongue *twisters*«.

Am besten fange ich mal zum Aufwärmen mit einem kurzen, einfachen Twister-Verdreher an. Auf die Gefahr hin, dass du ihn schon kennst:

She sells sea shells.

Hey, langsam kann das jeder aussprechen. Schneller! Speed up!!

Ich sehe schon, du bist ein Profi – you're a pro (schönes rundes »o« aussprechen). Dann wird's gleich ein wenig anspruchsvoller:

She sells sea shells by the sea shore.
The shells she sells are surely sea shells.
So if she sells shells on the sea shore,
I'm sure she sells sea shore shells.

Das war schon knackiger. Macht Spaß, oder? This is fun, isn't it? Gleich weiter, diesmal mit Betty Botter, ihrer bitt'ren Butter und dem Teig, auf Englisch »batter«:

Betty Botter had some butter,
»But,« she said, »this butter's bitter.
If I bake this bitter butter,
It would make my batter bitter.
But a bit of better butter –
that would make my batter better.«
So she bought a bit of butter,
Better than her bitter butter,
And she baked it in her batter,
And the batter was not bitter.
So 'twas better Betty Botter
bought a bit of better butter.

Das war ein Leichtes? A piece of cake? I'm happy to hear that. Wie wär's, wenn du diesen großartigen Zungenbrecher gleich auswendig lernst?

Wenn du fertig bist, dann treffen wir uns wieder bei den Fragen ...

Hier sind die Fragen

1) Zwei Wörter, die es in sich haben:
   – »befangen«,
   – »gewissenhaft«

   Und dabei bitte gleich die Aussprache üben!

2) »gemein«

3) »meinen« (diesmal nicht »think«)

4) »ein für alle Mal«

5) Die richtige Bezeichnung für »Zungenbrecher«, bitte.

6) »Du wolltest es ja nicht anders.« Hast du drüber hinweggelesen? Wirklich, kam gerade eben im Kapitel vor.

7) »mit Leichtigkeit«, »leicht«

8) Zwei Varianten zu »How are you?«

9) Die Aufforderung: »Mach schneller!«

Und auch gleich die Antworten

Fangen wir mit Frage 2 und 3 an. Für beide gilt nämlich die gleiche Antwort: »mean«. Ein Wort, das es in sich hat. Erinnerst du dich vielleicht noch aus der Schulzeit an eine weitere Bedeutung? Dir fällt gerade nichts ein? Nothing that comes to mind? Na so was. Dann Augen auf, es kommt ständig vor!

»Tonguebreaker« doesn't mean (!) anything in England, bedeutet also gar nichts, »Tongue twister« (auseinander geschrieben!) ist die richtige Übersetzung für den Zungenbrecher. »Befangen« heißt – means (!) »self-conscious«.

Jetzt fällt dir doch noch eine »mean«-Bedeutung ein? Fire away! *»By no means – keinesfalls. Und außerdem der ›man of independent means‹ aus dem letzten Kapitel.«*

Ah, I'm touched – ich bin gerührt. You're a great student! Weiter so!

»Du wolltest es ja nicht anders« heißt »you asked for it«. »Ein für alle Mal«: »once and for all«. »Speed up«: »mach schneller!«.

Die achte Frage war für dich sicherlich mit Leichtigkeit zu beantworten – I'm sure it was »a piece of cake« for you: »How are you doing?«, »How are you going?«, »How's it going?« oder »How are things?«

Du meinst, ich hätte da etwas vergessen? Was soll das denn sein? – Ach so, du denkst an »How do you do?«. Gut, dass du das erwähnst. Du hast recht, »How do you do?« heißt wörtlich »Wie geht es?«. Es handelt sich aber um eine äußerst seltsame Floskel. Sie bedeutet soviel wie »Ich bin erfreut.« Ein Beispiel:

A (freundlich lächelnd): »How do you do?«
B (gerät nicht in Versuchung, zu antworten, sondern lächelt freundlich zurück und sagt ebenfalls): »How do you do?«
A (gerät auch nicht in Versuchung, zu antworten, sondern kommt nun freundlich lächelnd zur Sache): »How are you?«
B (darf jetzt endlich antworten): »I'm very well, thank you.«
(Nun folgt die obligatorische Rückfrage): »And how are you?«
A »Fine, thank you.«

Die meisten Engländer benutzen diese Floskel nicht mehr. Sie ist ein eher seltenes Überbleibsel vergangener Zeiten. Und trotzdem gibt es hier und da einen Engländer, der noch Wert auf diese Art von Höflichkeit legt, wie zum Beispiel Georges Großvater. Für eine solche Begegnung sollte man sie parat haben.

Tja, das war's auch schon. Schluss für heute. Let's call it a day.

See you tomorrow!

Cucumber Sandwiches, Zigaretten

und

Oscar Wilde

Make yourself comfortable (remember: *camftabl*), please. I'll go out and get some bread. Ich möchte uns heute nämlich ein ganz besonderes Sandwich machen. Du hast es doch hoffentlich nicht eilig? You're not in a hurry, I hope? Ich gehe nur schnell zum Laden an der Ecke – my little corner shop. Es ist zwar Sonntag, aber er hat trotzdem auf. Gepriesen seien die englischen Corner Shops!

Und in der Zwischenzeit – in the meantime – kannst du dir schon einmal dieses Büchlein anschauen: *The Importance of Being Earnest* von Oscar Wilde. Ein Meisterwerk! A masterpiece! Enjoy yourself. I'll be back in a moment.

So, da bin ich wieder. Na, wie geht's? HALLO! Ich bin wieder dahaa! Come on, stop reading! Okay, thanks for listening. You can borrow the book, if you want to. Es hat natürlich einen Grund, warum ich dir gerade dieses Büch-lein in die Hand gedrückt habe. Kannst du es mir noch mal kurz geben? Danke – cheers (eine nette Variante zum stän-digen »thanks«). Ich suche nämlich eine ganz bestimmte Stelle, die ich dir zeigen möchte. Ach, bis ich die wieder gefunden habe …Weißt du was – do you know what, you couldn't put the tea kettle on while I'm doing this, could you? Genau, den Wasserkocher aufsetzen, hatten wir ja schon mal im ersten Kapitel. Vielen Dank – cheers!

Moment mal, verdrehst du gerade die Augen? Höre ich richtig, wie du da – grammatikalisch übrigens vollkommen korrekt – vor dich hinnörgelst: »Tea, tea, tea! She's always drinking tea! Can't she ever drink anything else during the day?«

My dear friend, … Schau doch, wir sind in England und so ist das hier nun einmal. Vielleicht gewöhnst du dich leich-ter an die hiesigen Sitten, indem du selbst Hand anlegst. Do you remember how to make a proper cup of tea? If you're not sure, just use tea bags. Schau mal auf dem Regal links vom Herd – on the shelf left of the cooker … can you see them? … in a black box, says »Twinings« on it … yes, that's the one, well-spotted. The milk's in the fridge. (What a superfluous comment – absolut überflüssig. It would be in the fridge, wouldn't it?)

Ah, thank you. Well done.

Die besagte Stelle habe ich auch schon gefunden. Es

handelt sich um eine Konversation zwischen dem jungen Gentleman Algernon und Lane, seiner Angestellten. Bitte sehr – here you are:

Algernon (picking up an empty plate in horror):
Good heavens, Lane!
Why are there no cucumber sandwiches?
I ordered them specially.

Lane (gravely): There were no cucumbers in the market this morning, Sir. I went down twice.

Algernon: No cucumbers!

Lane: No, Sir. Not even for ready money.

Algernon: That will do, Lane, thank you.

Wie du siehst, sind Cucumber Sandwiches von unglaublicher Bedeutung. Und deshalb will ich dir auch gleich zeigen, wie man sie macht. Die Zutaten haben wir ja jetzt alle hier: besagte – said – cucumbers – Gurken, und ein paar Scheiben Sandwichbrot. Keine Gnade für Vollwertköstler, hier tut's einzig und allein ein skrupellos schneeweiß gebleichtes Sandwichbrot, das so weich ist, dass es beim vorsichtigsten Versuch, Butter aus dem Kühlschrank darauf zu schmieren, in die Brüche geht. Dazu etwas Essig. Bist du schon gespannt? Hast du Lust bekommen? Do you fancy a cucumber sandwich? Was, du meinst, das hört sich ein wenig »seltsam« an? A bit strange? Bestenfalls »interesting«? Jetzt sei doch nicht so spießig! Ha, zur Strafe musst du mir jetzt gleich die Übersetzung für »spießig« liefern. Na? Ich warte. I'm waiting …

You cheat, you've tried to look it up in your dictionary! Okay, dann lies mir doch mal vor, was du gefunden hast. »Narrow-minded.« Na ja, narrow-minded, wörtlich »engstirnig«. Das ist nicht schlecht, aber doch etwas unbefriedigend. Sonst nichts? Nothing else?

Hast du etwas bemerkt? Have you noticed? We've come across a word that doesn't exist in English. Da hilft auch kein Lexikon weiter. Ich warne dich auch vor dem Wort »philistine« (ausgesprochen »filistein«), das in meinem Lexikon, und somit wahrscheinlich auch in deinem, als Übersetzung für den »Spießer« angeboten wird. In der Praxis ist der »philistine« aber weniger ein Spießer, sondern vielmehr ein Banause.

Sei du jetzt aber bitte open-minded. Trust me: You can't beat cucumber sandwiches. Die sind einfach unschlagbar!

Was ich mit dem Kartoffelschäler vorhabe? Den brauche ich, um die Gurken in hauchdünne Scheiben zu schneiden – to cut them into translucent slices. Das funktioniert einfach am besten mit einem potato peeler. That's how it works best. Siehst du? So, jetzt lege ich die Scheiben auf ein Sieb und beträufle sie mit etwas Essig und Salz – sprinkle them with some vinegar and salt. Das Ganze muss jetzt erst mal eine halbe Stunde lang ziehen.

In der Zwischenzeit erzähle ich dir von meinem allerersten Cucumber Sandwich.

Vor vielen, vielen Jahren stand ich als einer von etlichen Nachtschwärmern am Trafalgar Square im Zentrum Londons. Das ist einer der Orte, an denen man steht, wenn man die letzte U-Bahn verpasst hat und zu pleite für ein Taxi, aber jung genug für die Londoner Nachtbuserfahrung ist. In den Straßen rings um den Platz sind zahlreiche Bushaltestellen verstreut, vor denen sich die Menschentrauben versammeln und warten … und warten … und … warten. Die Londoner Busse treffen sowieso nie zum veranschlagten Zeitpunkt ein, daran gewöhnt man sich – you get used to that. Aber nachts – at night – kann die Sache ziemlich ärgerlich werden – pretty annoying. Da hilft auch kein Gewöhnungseffekt. Stell dir vor, du stehst pünktlich um 2.30 Uhr an der Bushaltestelle, genau zu dem Zeitpunkt, an dem der Bus laut Fahrplan eintreffen soll – when the bus is scheduled to arrive – oder umgangssprachlich: when the bus is meant to arrive. Und stell dir vor – imagine, one hour later – eine Stunde später, stehst du immer noch da, still waiting for your bus. Spätestens dann hast du in deinen Taschen nachgeschaut, ob du nicht doch das nötige Kleingeld für ein Taxi hast.

Nachdem ich also in besagter Nacht bereits eine halbe Ewigkeit auf meinen Bus gewartet hatte, kam ein unglaublich gut aussehender, junger Amerikaner auf unsere Haltestelle zu. Er schaute in die müde, griesgrämige Runde. Von Schlange konnte übrigens schon lange keine Rede mehr sein. »When's the bus coming?« Allgemeine Heiterkeit. Der Schöne wandte sich an mich – he turned to me: »How long have you been waiting for?« »Well«, I looked at my watch, »for about an hour.« Er sah mich verdutzt an. »You're joking!« (Ja, ja, er hätte auch »You're kidding!« oder »You're not serious!« oder »You're pulling my leg?!« oder »Are you taking the piss?« wählen können, aber nein, er sagte: »You're joking!«). I shook my head. This was not a joke. »Well, it can't be long, then«, meinte er ermutigend. Dann zögerte er einen Moment – du weißt schon, he hesitated –, then mumbled something to himself like »just to make sure« und holte seine Zigarettenschachtel aus der Jackentasche. Fast feierlich zündete er sich eine Zigarette an, solemnly he lit a cigarette. Der Engländer zu meiner Rechten, der, nur nebenbei erwähnt, mindestens genauso gut aussah wie der Amerikaner, hatte die Geste beobachtet und meinte, »I wouldn't bother (in etwa: da brauchst du dir keine Mühe geben). It doesn't work here.« Ich hatte nicht den leisesten Schimmer, wovon die beiden sprachen. Was war »it«? I didn't have a clue. »It always works«, replied the American slowly and confidently. Offensichtlich war er sich seiner

Sache sicher. He winked at me – zwinkerte mir zu: »The cigarette trick.« Und siehe da, schon kam der Bus um die Ecke gefahren. Triumphierend wandte sich der Amerikaner an uns: »See, the trick always works. It's worth the sacrifice.« Eine Opfergabe! Jetzt hatte ich es kapiert. Der Amerikaner trat seine Zigarette aus, und wir stiegen in den Nachtbus ein – we got on the bus. Der füllte sich allmählich mit Nachtschwärmern, während die Luft zunehmend qualmiger wurde. Moment mal, qualmig?? Ganz recht, der Großteil der Passagiere paffte genüsslich an einem Glimmstängel. »That's why the cigarette trick usually doesn't work«, meinte der Engländer. »Not on the bus, anyway.« Überlegen nahm er seine Zigarettenschachtel aus der Tasche und meinte: »Fancy a fag?«

Das war in den frühen Neunzigerjahren, als das Rauchen in den Londoner Bussen noch erlaubt war. Sogar in den Kinos durfte man damals noch paffen.

Was das alles denn nun mit meinem ersten Cucumber Sandwich zu tun hat? Oh ja, das kommt natürlich noch. Also, als wir da so saßen und unsere Zigaretten rauchten und herauszufinden versuchten, warum der Trick denn nun eigentlich funktioniert hatte, obwohl von Opfergabe nicht die Rede sein konnte (wir kamen zu dem Schluss, dass er nur deshalb hatte klappen können, weil der Amerikaner fest von seinem Opfer überzeugt gewesen war), da sahen wir die Sonne langsam aufgehen und bekamen Hunger. Also lud uns der Engländer zu sich nach Hause auf eine Tasse Tee und ein Cucumber Sandwich ein.

Bitte sag jetzt nicht entsetzt: »Da bist du doch nicht etwa mitgegangen? So was tut man doch nicht! Zwei wildfremde Menschen! Und noch dazu MÄNNER!« I know, it's usually not done. Normalerweise tut man so etwas nicht. Aber die beiden waren einfach sehr, sehr nett, offensichtlich sehr, sehr harmlos und obendrein furchtbar gut ausse-hend – terribly good-looking at that. Wie hätte ich da »nein« sagen können?

Außerdem hatte ich aus Versehen den falschen Bus genommen.

Was sagt denn die Uhr, ist es Zeit für unsere Gurken? ... No, they're not ready yet. About five more minutes to go.

Fangen wir doch am besten gleich mit den Fragen an. Das Sandwich gibt's danach zu den Antworten.

Hier kommen die Fragen

1) a) »sich an etwas gewöhnen«
   b) »an etwas gewöhnt sein«
   c) »gewöhnlich/normalerweise«

Ich weiß, das ist ganz schön viel auf einmal, Mannomann, drei auf einen Streich! Aber es kam alles im Kapitel vor (und teilweise sogar schon in vorherigen Kapiteln).

2) Häufigster Ausdruck in diesem Kapitel: »funktionieren/klappen«. Hast du aufgepasst?

3) »Sich nicht die Mühe machen«. Ein toller Ausdruck!

   Unbedingt merken!

4) Das andere Wort für »danke«

5) »Sich eine Zigarette anzünden«, bitte auch gleich zwei verschiedene Übersetzungen für Zigarette.

6) »auf etwas stoßen«

7) »etwas bemerken«

Und jetzt zu einer kleinen Stärkung und den Antworten

Nach all der harten Arbeit hast du dir eine Belohnung verdient. Während du dich mit den Antworten abgerackert hast, habe ich uns die Sandwiches fertig gemacht. Willst du wissen, wie's ging? Zuerst hab ich die Brotscheiben mit (weicher) Butter bestrichen, dann immer auf eine Scheibe Brot zwei Lagen Gurken gelegt und die andere Brotscheibe oben draufgesetzt. Und dann – aufgepasst – bin ich mit einem Nudelholz mit ganz leichtem Druck noch etwas drübergerollt. Und wie du sehen kannst, habe ich nach englischer Art jedes Sandwich zweimal von Ecke zu Ecke halbiert und auf diese Weise vier niedliche Dreiecksbrötchen kreiert … Na, dann lass es dir mal schmecken!

»Sich an etwas gewöhnen« – »to *get used* to something«. Nächster Schritt: »An etwas gewöhnt sein« – »to *be used* to something«. Und »gewöhnlich« ist dann auch nicht mehr schwer: »usually«.

Schmecken dir übrigens die Sandwiches? – *»Yes, very yummy. I could get used to them!«* I'm speechless. Das klappt ja richtig gut! It works! It works!! Hurray! Genau, da sind wir auch schon bei »to work« – funktionieren, klappen. Nur ja nicht »it functions« sagen! Das ist nämlich ausschließlich für Dinge reserviert wie zum Beispiel Handys – mobiles, cell phones –, Waschmaschinen und so weiter. »Funktionieren« im Sinn von »klappen« heißt unbedingt »to work«. Ein extrem wichtiges Wort! Denn »to work« ist universal, a mobile phone works-funktioniert as much as an idea works-klappt-funktioniert.

Und da wir schon bei den wichtigen Wörtern sind – speaking of important words: »To be bothered« or »not to be bothered«. Grob übersetzt: »Sich Gedanken beziehungsweise Mühe machen« oder eben nicht. »I can't be bothered!« heißt also so viel wie »das ist mir jetzt nicht die Mühe wert« oder »ich mag jetzt einfach nicht«. Der Ausspruch im Kapitel »Don't bother!« heißt dementsprechend in etwa »Brauchst dir gar nicht erst die Mühe machen!« oder einfach nur »Vergiss es, Mann!«. Und mein »Mannomann« im Fragenteil könnte man sehr frei, aber gut mit einem »Bother!« übersetzen.

Das nächste wichtige Wort ist »bemerken« – »to notice«. Im Englischen besteht hier übrigens – im Gegensatz zum Deutschen – kein ES-Zwang. »Hast du ES bemerkt?« heißt deshalb auch nicht »Have you noticed IT?«, sondern »Have you noticed?«. Dasselbe gilt für: »Sag ES mir!« – Eben nicht: »Tell me IT (Autsch!)« oder »Tell IT to me!« (gut gedacht, aber leider auch falsch!), sondern ganz einfach nur »Tell me!«. Bitte merken! (Vielleicht frag ich es ja noch mal ab!?)

Was haben wir denn noch? »Auf etwas stoßen« heißt »to come across something«, und mein Alternativvorschlag für »danke« war das umgangssprachliche »cheers«, übrigens auch wieder ein Wort, das du in dieser Bedeutung in keinem Lexikon findest.

Und zum Schluss kommen wir noch auf das Rauchen zu sprechen. Lang vorbei sind die liberalen Zeiten für Raucher, ob in Deutschland oder England. In England hat man die wohl wirksamste Methode zur Eindämmung des Rauchens ergriffen, die gesalzene Preiserhöhung. Der Preis für eine Packung ist geradezu horrend. Gesundheitspolitisch hat das aber definitiv funktioniert – it has definitely worked. Die Zahl der Raucher ist drastisch gesunken. Trotzdem hier das Rauchervokabular – wahrscheinlich absolut überflüssig – superfluous (übrigens *supör-flues* ausgesprochen): to light a cigarette – eine Zigarette anzünden. To extinguish oder to stub out a cigarette – eine Zigarette ausmachen beziehungsweise ausdrücken. Das legere Wort für Zigarette: »fag«.

Du willst noch wissen, was denn eigentlich »ready money« bedeutet? Ganz einfach: Das ist die alte Bezeichnung für »cash« – Bargeld, Bares.

Da fällt mir ja gerade noch eine passende Stelle in *The Importance of Being Earnest* ein. Die möchte ich dir noch auf den Nachhauseweg mitgeben:

Der Kontext:
Jack, ein junger Gentleman, hat gerade um die Hand von Lady Bracknells Tochter angehalten. In der folgenden Passage wird durch gezieltes Abfragen ermittelt, ob es sich bei dem Bewerber um eine geeignete Partie handelt – whether he is a good match.

Lady Bracknell: Do you smoke?

Jack: Well, yes, I must admit I smoke.

Lady Bracknell: I am glad to hear it. A man should always have an occupation of some kind.

There are far too many idle men in London as it is.

Na gut, um dir den Griff zum Wörterbuch zu ersparen, bekommst du gleich auch noch die Übersetzung mitgeliefert:

Lady Bracknell: Rauchen Sie?

Jack: Nun, ja, ich muss zugeben, dass ich rauche.

Lady Bracknell: Das freut mich zu hören. Ein Mann sollte stets irgendeine Beschäftigung haben. Es gibt viel zu viele untätige Männer in London.

Traffic Jam in London

oder

Wo es den besten Cream Tea gibt

Findest du nicht, dass wir beide etwas frische Luft vertragen könnten – that we could do with some fresh air? Zur Abwechslung – for a change. Ja? Dann lass mich mal nachdenken, wohin wir am besten fahren. Warst du schon einmal im wunderschönen ländlichen Devon, weitab jeder Großstadt? Noch nie? Never? Dann wird es aber Zeit!

Allerdings wird mir jetzt schon bei dem Gedanken an unsere Autofahrt übel. Da würden wir zwar frisch und voller Vorfreude losfahren, aber nach höchstens fünf Minuten – after five minutes at the most, we would find ourselves stuck in the first of London's many traffic jams. Wir würden da also feststecken, im schmutzigen, lauten Londoner Verkehr, und uns mindestens eine Stunde lang bis zur Stadtgrenze durchquälen. Denn egal, in welcher Richtung man die Stadt verlassen will – no matter which direction you choose to go, no matter how good a driver you are, no matter how many short-cuts you know – bis zur Stadtgrenze fährt man immer mindestens eine Stunde. Und danach hätten wir noch ganze vier Fahrtstunden in südwestlicher Richtung durch die Grafschaften Surrey, Hampshire, Wiltshire, Dorset und Somerset bis nach Devon vor uns.

There really is no point in taking us through this. Es hat keinen Zweck, uns das anzutun. Nutzen wir doch die Möglichkeit, die uns dieses Buch bietet: Let's skip the journey! Überspringen wir die Reise doch einfach gedanklich! Auf diese Weise können wir den Tag viel entspannter anpacken.

Und warum ich mir ausgerechnet Devon ausgesucht habe? Why Devon of all places? Da fragst du noch lange? Ich dachte, du hättest mich inzwischen durchschaut! Das hat natürlich mit meinem Lieblingsthema »Tee« zu tun. Denn hier gibt es den berühmten »Cream Tea«, und zwar den besten der Welt, meiner Meinung nach – in my opinion. In Devon können wir jede beliebige Teestube mit der Gewissheit aufsuchen, dass wir erstklassigen Cream Tea serviert bekommen – egal, ob wir uns im dramatischen Dartmoor befinden, in einer der vielen kleinen Ortschaften im Landesinneren oder direkt am Meer. No matter where in Devon we are.

Let me take you for a walk along the cliffs! Auf diesem kleinen Küstenpfad gehe am besten ich voran – I'll walk in front oder auch I'll lead the way – und du kannst so richtig die Aussicht genießen – enjoy the view! Ist diese Landschaft nicht einfach umwerfend? Die roten Felsen, die saftigen grünen Wiesen, unter uns der Strand und das weite, blaue Meer. Und hier und dort – here and there – und das ist so typisch für den Süden Devons, ein paar echte Palmen – real palm trees (aufpassen: »palm« wird *pahm* ausgesprochen, ohne »l«). Die können hier gedeihen, weil der Golfstrom milde Witterung mit sich an die Küste bringt. Er garantiert zwar leider nicht immer heißes und sonniges Wetter, schließlich sind wir ja in England – we're in England after all –, aber immerhin wird es nie so richtig kalt, auch nicht im Winter.

Close your eyes and take a deep breath!

So, und in diesem schönen Landhotel hier vorne gibt es jetzt, wie versprochen – as promised – den größten kulinarischen Leckerbissen, den die englische Südküste zu bieten hat: Cream Tea.

Klingt nach der englischen Teeversion zu Café Macchiato? Aber nein. Beim »Cream Tea« handelt es sich um eine Tasse oder ein Kännchen ganz normalen schwarzen Tees, den man, wie üblich – as usual – mit ebenfalls ganz normaler Milch trinkt – full-fat, semi-skimmed oder skimmed. Das hatten wir ja bereits. Zu diesem stinknormalen Tee gibt es nun die sogenannten Scones mit Rahm und Erdbeermarmelade – cream and strawberry jam. Scones, die entweder *skons* oder *skouns* ausgesprochen werden, sind ein typisch englisches Teegebäck. Man bricht sich davon kleine Stückchen ab und bestreicht sie mit besagter Erdbeermarmelade und dem unvergleichlichen, unübertroffenen und unvergesslichen dicken Rahm, den man hier »Clotted Cream« nennt. Nur zur Information, der »Clotted Cream«-Fettgehalt liegt bei über 55 Prozent. Du kannst also getrost »full-fat milk« in deinen Tee gießen, denn auf das bisschen Fett kommt es nun auch nicht mehr an. Don't count the calories. There's no point!

Diesmal übernehme ich die Bestellung: »Cream Tea for two, please.«

Erinnerst du dich übrigens noch an George – do you remember George, the man of independent means? Seine Familie lebte jahrelang in Amerika. Das hinderte sie aber nicht daran, einmal wöchentlich ihren »Cream Tea« zu zelebrieren. Dafür ließen sie sich eigens Clotted Cream aus Devon einfliegen. So wichtig kann das sein.

Das erinnert mich an – this reminds me – na, was war noch mal die richtige Präposition? – richtig – *of*. Also, noch mal vollständig: This reminds me of the day I was introduced to George's parents. Ich war zum Cream Tea eingeladen – I was invited for a Cream Tea. Das war natürlich nicht in Amerika, sondern in einer wohlhabenden Ortschaft in der Nähe Londons namens Beaconsfield. Georges Mutter fragte mich höflich: »May I ask what your parents do for a living?« Ich antwortete: »Well« – immer eine hervorragende Einleitung, klingt lässig und erleichtert den Redefluss. »Well«, sagte ich also, »my mother is a housewife and my father is an undertaker.« – Ein Unternehmer. Georges Vater, der gerade einen Schluck Tee genommen hatte, verschluckte sich fürchterlich. Peinlich berührt blickte er in die Runde und entschuldigte sich. »I'm so sorry.« Seine Frau sah ihn vorwurfsvoll an, wandte sich aber sogleich mit einem freundlichen Lächeln zu mir. »Oh, that's very interesting«, sagte sie nachdrücklich, wenn auch mit rotem Gesicht – with a blushed face. Du kennst ja die Sache mit dem »interesting« schon. Irgendetwas war hier falsch gelaufen – something had gone wrong.

Auf dem Nachhauseweg ins Londoner Zentrum, im Auto und im Stau, sagte George plötzlich: »I didn't know your father is an undertaker. I thought he was a business man.«

Na ja.

Manche Dinge sollte man eben doch im Lexikon nachschlagen. Denn dort steht klipp und klar die richtige Bedeutung von »undertaker«: der Leichenbestatter.

Hehe, wie ich sehe, schlägst du ganz schön zu mit deinen Scones … No, no, I didn't mean to stop you. Du musst nicht gleich aufhören zu essen. Please continue. Let's get stuffed – hau'n wir uns damit voll.

Vielleicht lässt du dir in Zukunft ja auch Clotted Cream aus Devon schicken. Ich muss mal die Preise ausfindig machen – I'll have to check out the prices for you.

Jetzt müssen wir aber erst noch über etwas anderes sprechen. Ich war mir nicht sicher, ob ich die Sache nicht einfach unter den Teppich kehren sollte, aber ich glaube, der Vollständigkeit halber möchte ich sie lieber erwähnt haben. Nicht, dass du mir später vorwirfst, ich hätte dir etwas vorenthalten.

Es handelt sich um den Ausdruck »Afternoon Tea«, den wir im ersten Kapitel schon gestreift haben. Die allermeisten Engländer verstehen darunter wirklich nur einen Moment der nachmittäglichen Entspannung, eine wunderbare kleine Pause vom Alltag mithilfe einer Tasse Tee, mit oder ohne ein paar Kekse – with or without a couple of biscuits (*biskits* – auch liebevoll »bickies« genannt).

Es gibt aber auch einen anderen »Afternoon Tea«, die Teezeremonie der englischen Oberschicht und derer, die gerne dazugehören würden. Wenn man Lust hat, kann man sie beispielsweise im Ritz für 36 Pfund pro Nase kennenlernen. Dort wird der Afternoon Tea sogar zu fünf verschiedenen Tageszeiten serviert, der erste um 11.30 Uhr, der letzte um 19.30 Uhr. Der Begriff »Afternoon Tea« wird hier also ganz schön gedehnt. Serviert werden verschiedene Sandwiches, traditionally cucumber, ham and salmon (wie bei palms – *pahms*, ebenfalls ohne »l« aussprechen, nämlich *sämen*). Ebenso Scones with clotted cream and strawberry jam und allerlei süßes Gebäck.

Für diese Gaumenfreude nimmt man sich mindestens eine Stunde Zeit – one hour at the least, oder auch: one hour minimum.

How does that sound to you?

Du fragst dich, wie die es eigentlich schaffen, so viel auf einmal zu essen? Stimmt, das frage ich mich auch. I, too, wonder how they manage. I'm sure they don't count the calories.

Du bist jetzt schon, nach einem einfachen Cream Tea, zum Bersten voll? Full? Filled-up? Stuffed? Ready to burst?

Na schön, dann überspringen wir jetzt wieder die Fahrt nach Hause – skip the trip home –, damit wir ein kleines Nickerchen machen können – so we can have a little nap.

Und danach gibt's dann die Fragen.

our little nap …

Du siehst noch ein bisschen verschlafen aus –
a little bit sleepy …

Tut mir leid, aber das muss jetzt sein

1) »Es hat keinen Zweck, etwas zu tun.«

2) »festsitzen, feststecken«

3) »Ausgerechnet …«

4) »Schließlich …«

5) »… würde uns guttun.«

6) Der »Unternehmer« heißt streng genommen »entrepreneur«.
   Im Kapitel hatten wir dagegen den »Geschäftsmann« und den
   »Leichenbestatter«. Beide bitte übersetzen!

7) »Ich frage mich …«

8) »Nach Hause«. Mich interessiert hier vor allem das »nach«.

9) »Egal …«

10) »Ich wollte nicht …«, im Sinne von »es war nicht meine Absicht«.

Das sind zwar etwas mehr Fragen als sonst, aber das schaffst du schon – I'm sure you'll manage.

Bereit für die Auflösung?

»I really can't be bothered. I'm sleepy and you haven't even offered me a drink yet. I'm so fed-up with your silly questions! Why have you chosen ME of all people to answer them? I've been stuck with you for such a long time and I wonder whether it's doing my English any good. Between you and me, I could really do with a break. Actually, I wonder whether I should skip the last few chapters and stop this nonsense altogether!«

Jetzt hör mir mal gut zu – listen carefully. There's no point in whinging – es hat keinen Zweck zu jammern. It won't get us anywhere – bringt uns nun wirklich nicht weiter. Schließlich, after all, it was YOU who started reading this book. Voluntarily – aus freiem Willen. Und es hat dir doch auch ein klein wenig Spaß gemacht. I'm sure you've enjoyed yourself at least a teeny-weeny bit. Du hast dich gerade übergessen, bist müde und hast einen kleinen Durchhänger. Das ist ja auch ganz normal. Aber du hast recht – you're right, I should have offered you a drink first.

»Das hätte dir auch früher einfallen können!«

I'm sorry, I didn't mean to be rude or uncaring – das wollte ich wirklich nicht.

… *(du schmollst)* …

Can I offer you a drink NOW?

… *(du schmollst immer noch – you're still sulking)* …

Bitte gib mir doch noch eine Chance! Weißt du, ich will dich nicht als Schüler verlieren. Ich bin nämlich unheimlich stolz auf dich – yes, I'm incredibly proud of you. Schau doch mal dein Gejammere von vorhin an! Bloody brilliant! Das hättest du mir doch alles nie und nimmer so schön an den Kopf werfen können, bevor du mein Buch in die Hand genommen hast. Never ever! Gib's zu – admit it. Please! Da hast du nicht nur wunderbare Ausdrücke wie »I can't be bothered« oder »between you and me« eingebaut, du hast auch gleich die meisten Fragen aus diesem Kapitel beantwortet, wie »me of all people« (»ausgerechnet mich«), »I've been stuck with you« (»ich sitze hier mit dir fest«), »whether it's doing my English any good« (»ob es meinem Englisch »guttut« beziehungsweise »ob es für mein Englisch von Nutzen ist«) und gleich zweimal »I wonder« (»ich frage mich«). Die restlichen Antworten habe ich dir auch schon geliefert…halt! In der Hitze des Gefechts habe ich ein paar vergessen: »nach Hause« heißt einfach nur »home«, »egal« heißt »no matter« und der Geschäftsmann »business man«. Den Leichenbestatter hast du dir ja sicherlich schon gemerkt: he's called »undertaker«. Ich würde sagen, wir beide haben hier richtig gute Arbeit geleistet!

»Hmm ...«

Ja, bitte?

»Well ...«

A drink of your choice!

»I could do with a glass of Whiskey now.«

And so could I! Cheers!

Let's put our feet up and relax for a bit.

Orl korrect, okee dokee

und

andere Wortspielereien

Bin ich froh, dass wir uns wieder versöhnt haben – I'm so glad we've made up. Denk doch nur, sonst wäre das Buch ja schon zu Ende! Und das hätte überhaupt das Ende bedeutet – yes, it would have meant the end of our wonderful relationship! What a relief you're still here – was für eine Erleichterung. Ich hoffe aber, dass dieser Streit unser erster und letzter war. Our first and last row – ausgesprochen *rau*. Ja, natürlich geht auch das schulenglische »argument«. Und weil wir schon dabei sind, hätte ich zusätzlich das wirklich sehr schöne, sehr gebildete »altercation« anzubieten. Aber denken wir besser gar nicht mehr an rows, arguments oder altercations. Richten wir unseren Blick nach vorne – ahead. Was wollen wir denn heute tun? Ach nein, Mist! Damn! Warum bin ich nur so fürchterlich vergesslich – so terribly forgetful?! Ich wollte dich doch bei unserem Devon-Besuch noch in die Cider Bar ausführen. Das habe ich ganz vergessen – I completely forgot! Wie konnte das nur passieren? How could that happen? Stimmt – that's right – wir waren ja so schrecklich überfressen und müde – terribly overfed (noch besser: terribly stuffed) and tired. Da hat ja der ganze Streit angefangen – our row, argument, altercation.

Was machen wir denn nun?

Könntest du dir vorstellen, noch einmal nach Devon zu fahren?

»Klar kann ich das. Wann willst du denn los?«

Am besten jetzt gleich – straight away. Macht dir das etwas aus? Do you mind?

Auf Englisch kann man hier leider nicht wie auf Deutsch mit einem bloßen »nein« oder »ja« antworten. Die Antwort muss deshalb entweder »No, I don't/yes, I do« oder »No, I don't mind/yes, I do mind« heißen.

»No, I don't mind at all.« (Sehr schön!)

Really? You're all right with that?

»Yes, I am.« (Das machst du wirklich klasse!)

»Zuerst habe ich aber noch eine Frage: Du sagst immer für »in Ordnung« »all right«. Aber wie steht's denn eigentlich mit »O. K.«? Ist das eher amerikanisch?«

Jein. »O. K.« hat zwar seinen Ursprung in Amerika, ist aber inzwischen auch den Engländern vertraut und geläufig, genauso wie uns Deutschen, den übrigen Europäern, den Südafrikanern, den Indern, den Australiern und wer weiß wem noch alles auf der Welt. Du kannst also jederzeit bedenkenlos »all right« durch »O. K.« ersetzen. Wenn du das tust, solltest du allerdings auch den Ursprung dieses Kürzels wissen. Und nichts leichter als das! Darf ich ihn dir verraten?

»*Fire away.*«

Danke!

Eine der ersten offiziellen »O. K.«-Vermerke ist eine Stelle in der *Boston Morning Post* im Frühjahr 1839. Da steht:

»It is hardly necessary to say to those who know Mr. Hughes, that his establishment will be found to be (…), O. K. – all correct.«

Jetzt runzelst du sicherlich gleich die Stirn. Warum heißt »all correct« denn abgekürzt nicht »A. C.«? Ja, wie kommt das? How come?

Witzigerweise gab es zu jener Zeit, also in der ersten Hälfte des 19. Jahrhunderts, in den Städten an der amerikanischen Ostküste den Trend, bestimmte Wörter absichtlich falsch auszuschreiben, abzukürzen oder andere kleine Wortspielereien zu betreiben. Was sich daraus ergab, war eine neue »inside lingo« – eine coole Sprache. Und in dieser Insidersprache wurde »all correct« absichtlich »orl korrect« geschrieben, und somit als »o. k.« abgekürzt. Sogar Andrew Jackson, der 7. Präsident der Vereinigten Staaten, soll bereits Dokumente mit einem lässigen, handgeschriebenen »O. K.« versehen haben.

Des Weiteren gab es Abkürzungen wie das witzige »K. Y.« für »no use« (»know yuse«) oder das langwierige »TBFTB« – »Too Big For Their Britches«. Du weißt nicht, was »Britches« sind? Nein, das kannst du natürlich nicht wissen – of course you wouldn't know. Wieder ein Wort, das meiner Erfahrung nach in keinem Wörterbuch zu finden ist. Britches, das sind altmodische Hosen, old-fashioned trousers, damals wahrscheinlich der letzte Schrei. Der Spruch heißt demnach »zu groß für die eigenen Hosen«, also eine Bezeichnung für so aufgeblasene Persönlichkeiten, dass sie nicht mehr in ihre eigene Hose passen.

»O. K.«, »K. Y.«, »TBFTB« – eigentlich müssten wir diese Art von »inside lingo« gut nachvollziehen können, immerhin wiederholt sich der Trend gerade über SMS und Internet.

Die meisten der damaligen Ausdrücke und Abkürzungen gerieten allerdings nach geraumer Zeit wieder in Vergessenheit – they faded into obscurity.

Vielleicht hätte »O. K.« dasselbe Schicksal erfahren, wenn sich nicht die Politik dieses Kürzel zunutze gemacht hätte. Der Anlass war die Präsidentschaftswahl der Vereinigten Staaten im Jahr 1840. Der Kandidat der Demokratischen Partei war der bereits amtierende Martin Van Buren, 8. Präsident der Vereinigten Staaten. Sein Spitzname war

»Old Kinderhook«, nach seinem Geburtsort – after his place of birth – Kinderhook im Staat New York. Du siehst schon, **O**ld **K**inderhook, **O. K.** Die gewieften Drahtzieher der Werbekampagne nutzten natürlich die Doppeldeutigkeit dieser Abkürzung und erklärten »O. K.« zum neuen Slogan für ihren Kandidaten. Man gründete sogar einen »O. K. Club«. Im gegnerischen Feld machte man sich allerdings über diese Taktik lustig. Handelte es sich ja genau genommen – strictly speaking – um eine Fehlschreibung!

Van Buren wurde jedenfalls nicht wiedergewählt – he wasn't re-elected, und kaum ein Mensch außerhalb Amerikas erinnert sich noch an den Sieger der Wahl, den konservativen William H. Harrison. Nein, der wahre Gewinner dieser Wahlkampagne war und ist »O. K.«, das Kürzel, das in den Köpfen der Leute hängen blieb.

Das wäre erledigt – that's that.

Jetzt aber nichts wie ab nach Devon, in das kleine Arbeiterstädtchen Newton Abbot! Zur Cider Bar!

»O. K.!«

Ach, weißt du, was du noch sagen kannst, außer einem schlichten »O. K.«, das eh schon die ganze Welt kennt? – Ein nettes, umgangssprachliches »okee dokee«, mit Betonung auf den zwei rund ausgesprochenen »o«s und mit zwei kurz gesprochenen »i«s an beiden Enden. Bringt Abwechslung ins Spiel und lässt noch mehr Vorfreude erkennen.

»Okee dokee!«

Wunderbar! Which way do you prefer? The long one – traffic jam, five hours car drive – or the short one – the skipping method?

»*The skipping method*.«

I'm glad.

Here we are, bang in the middle of the Cider Bar. What do you think? – Oder, um dir endlich einmal eine Alternative zum ständigen »think« anzubieten: What do you reckon?

You reckon, it's »unscheinbar«, »nichts Besonderes«? Moment mal – hold on a moment! It might be unscheinbar – unpretentious –, but it is very special, indeed! Es gehört nämlich zu einer vom Aussterben bedrohten Gattung. Genauer gesagt – to be precise – einer, von der es in ganz Großbritannien nur noch vier Exemplare gibt.

Früher, vor langer, langer Zeit, als das Pub noch »Ale House« hieß und ausschließlich Bier verkaufte, da war das »Cider House« mit seiner großen Auswahl an Cider- und Weinsorten ein ernsthafter Konkurrent. Aber dann avancierte das »Ale House« zum »Public House«, erweiterte seine Getränkeauswahl und stahl dem armen »Cider House« die Show. Hier gibt es nämlich nach wie vor kein Bier zu kaufen. Nicht eine einzige Sorte. Das macht aber überhaupt nichts – it doesn't matter at all! Was soll's – who cares? Denn hier gibt es eine wahrhaft exotische Auswahl an Wein und Cider. Kennst du denn eigentlich »Cider«, das süffige, alkoholische Getränk aus Äpfeln? Hier kannst du wählen zwischen »Scrumpy«, »Sweet«, »Medium« und »Dry« Cider. So richtig groß wird die Palette aber erst beim Wein. Da gibt's solche Raritäten wie Petersilien-, Honig-, Holunder-, Birken- und Brombeerwein, um nur ein paar zu nennen – to name just a few. Du hast freie Wahl – the choice is yours. Mit einer Ausnahme – with one exception: Gerate nur ja nicht in Versuchung, »Scrumpy« zu bestellen. Klingt zwar nach einer harmlosen Ciderart und ist obendrein spottbillig – dirt cheap. Weil er aber nur durch einen sehr kurzen Fermentierungsprozess gegangen ist, ist er, offen gesagt – to put it plainly – ungenießbar – unpalatable – oder einfach: undrinkable.

Was ich denn dann nehme?

Well, I'll have half a pint of »Medium«, that's the one I like best. Wenn du eine Vorliebe für Süßes hast – if you have a sweet tooth, go for a sweet one. Vorsicht, »Dry« ist wirklich *sehr* trocken. Wenn das dein Ding ist – if that's your kind of thing (irgendwie möchte ich hier nicht unbedingt »if that's your cup of tea« sagen), give it a try!

Ob ich einen bestimmten Grund habe, nur ein »halfpint« zu bestellen? Ach, das kannst du ja nicht wissen. You wouldn't know. Ich würde nämlich sehr gerne mit einem ganz normalen Pint einsteigen, aber ich darf nicht. I'm not allowed. Not here, anyway. Hier hält man sich nämlich an die Tradition. Und das bedeutet – that means: Pints for men, half-pints for women. No exceptions, auch nicht für mich – not even for me, not even in this book. Bei dir ist es eine andere Sache. Was dich betrifft – as far as you're concerned, you can order whatever you want. You can be honest or you can cheat. Es hat seine Vorteile, ein imaginärer Gast zu sein – to be an imaginary guest. Kein Mensch weiß, wer du bist. And nobody knows your sex. Are you a man or a woman, male or female? I haven't the slightest idea.

»Well, I can tell you, if you want to know. I'm …«

STOP!! Don't finish your sentence. I must think this over (wirklich kein Denglisch!). Do I really want to know who you are? Ich habe da so meine Phantasien. Und das Schöne daran ist, dass ich damit spielen kann, wie ich gerade Lust habe. Einmal träume ich von einer wunderschönen Frauenfreundschaft, ein andermal von einer Romanze mit einem männlichen Leser. Eben je nach Laune – depending on my mood. It's wonderful! Da habe ich alles so richtig schön unter Kontrolle – everything's under my control. Das soll ich jetzt plötzlich aufgeben? Einfach so – just like that? Nein, das will ich nicht – I don't want that … außer – unless …

»Was, außer – unless …?«

Entschuldige, nur so ein blöder Gedanke, just a silly thought of mine. Forget it!

»Come on! You've made me curious!«

Du lässt ja wirklich nicht locker! Hm. Na gut, dann

sprechen wir später darüber, ja? In diesem Kapitel haben wir dafür sowieso keinen Platz mehr. Und wir sind doch jetzt gerade bei der Getränkeauswahl! Da machen wir jetzt am besten erst mal weiter. Hast du dich entschlossen – have you made up your mind? Ja? Und du willst auch gleich die Bestellung übernehmen? Sehr schön! Du weißt ja, für mich ein halbes Pint »Medium«. Und bestell uns beiden auch gleich ein Gläschen Honigwein dazu – a glass of mead. Das ist hier so üblich.

Moment mal, ich geb dir etwas Geld … ah, du willst mich einladen? Kannst du mir das auch auf Englisch sagen? – Nein, mit »invite« kommen wir in diesem Fall nicht weiter, das ist hier leider unbrauchbar – K. Y., know yuse. Ich verrate es dir: jemanden einladen – to treat somebody. Hier und jetzt: You're treating me. Da hab ich natürlich nichts dagegen – no objections. Danke schön. Cheers! Willst du, dass ich mit an die Bar komme? Nein, du machst das ganz alleine? Gut, dann mach mal! Go ahead!

Das ging ja richtig schnell! Lass mich mal sehen, was du da hast. Zweimal Honigwein, ein halbes Pint Medium und – ein ganzes Pint, hui, das sieht ja so komisch aus, ein wenig trüb – a bit cloudy –, fast wie …, nein, du wirst doch nicht, you DIDN'T …!

What a cheeky grin you've got on your face – so ein freches Grinsen! Ich weiß schon, was du da hast. Scrumpy, oder? Und gleich ein ganzes Pint! Na, dann mal viel Spaß damit!

Du bist dir aber jetzt hoffentlich schon bewusst, was als Nächstes kommt?

Genau, der Fragenteil. Are you ready, able and willing? Yes?

Then we can start

1) »Wie kommt das?«

2) »Das kannst du ja nicht wissen.« Vorsicht, überlege dir genau, wie du das »kannst« übersetzt!

3) »Was soll's?«

4) »spottbillig«

5) Sehr wichtig: »passieren«

6) »Offen gesagt ...«

7) »Geschlecht«

8) »Genauer gesagt ...«

9) »Das wär's.«

... and finish

»Was soll's?« war hier mit »who cares« übersetzt, was
wörtlich »Wen kümmert's« heißt (trotz deutschem
»es« kein »it« in der Übersetzung!). Weitere Möglichkeiten sind »so what?« und, mit noch mehr Nachdruck:
»Who cares a damn?« oder »Who gives a damn?«.
Außerdem der leider sehr verbreitete Ausdruck, den
Danny verwenden würde: »Who gives a fuck?« Aber
so etwas Ordinäres bringe ich dir selbstverständlich
nicht bei! »Spottbillig« ist »dirt cheap«. »Passieren«
heißt »to happen« oder »to occur« (kam bei der »Boston Tea Party« vor). »Wie kommt das?« kurz und bün-
dig ohne »it«, »this« oder »that«: »How come?« »Genauer gesagt«: »to be precise«; »offen gesagt«: »to put
it plainly«, zwei äußerst nützliche Ausdrücke, die man
sich besser merken sollte! »Das wär's« heißt »that's
that«. »Das kannst du ja nicht wissen« – da wählen die
Engländer »would« statt »could«: »You wouldn't
know«, diesmal wahlweise mit oder ohne »this« oder
»that«. »Geschlecht«, dieses furchtbar klingende deutsche Wort (meiner Meinung nach – if you ask me) ist
auf Englisch ein kurzes, unkompliziertes »sex«.

Du verziehst ja dein Gesicht so. Schmeckt dir etwa dein Scrumpy nicht (a cheeky grin on MY face this time)? Ich hätte dir sagen sollen, dass er wie der reinste Essig schmeckt? So, so, ich hätte dir das also sagen sollen – I should have told you (wieder ohne »it« beziehungsweise »that«!)? Well, I DID warn you! I very well remember telling you that it was undrinkable! You should have taken my advice! Du solltest doch inzwischen wissen, dass ich es nur gut meine – I mean well! (Genau, wieder einmal ohne »it«!).

Vielleicht hätte ich noch dazusagen sollen, dass man hier statt »a pint of Scrumpy« auch »a pint of Rough« sagt. Das erklärt eigentlich schon alles. Er schmeckt nicht nur nach Essig, er macht auch schnell betrunken und lässt einen am nächsten Morgen mit einem ganz grauenhaften Schädel aufwachen – with a stinking headache (»splitting« hatten wir ja schon.). Trotzdem oder vielleicht gerade deshalb erfreut sich dieses Gesöff höchster Beliebtheit unter den Bauern aus der Umgebung. Für die Meistertrinker unter ihnen gibt es hier den Ausdruck »Scrumpy Heads«. Die hängen dann betrunken an der Bar herum und lassen sich lallend über Gott und die Welt aus.

So, jetzt weißt du das auch alles.

Do you want another drink? Yes? MY treat!

A Glass of Parsley Wine

oder

Die Geschichte des Teebeutels

Here you go (um nicht immer nur »here you are« zu sagen), more Cider for you – »Medium« this time – and a glass of elderberry wine – Holunderwein. Da hast du den Essiggeschmack gleich wieder los.

Nein, den Scrumpy musst du wirklich nicht austrinken – you don't have to drink up your Scrumpy. Just leave the rest.

Was sagst du da? Wie bitte? What? Sorry? Excuse me? Pardon? Pardon me?

Du meinst, ich mache meine Arbeit nicht mehr so gründlich, wie ich sollte? Not as thoroughly as I'm supposed to? Ich weiß gar nicht, wovon du sprichst! I don't know what you're talking about! Can you explain?

»Zum Beispiel sagst du, dass ›to mean well‹ auf Deutsch ›es gut meinen‹ heißt. Das ist ja schön und gut, aber als Schüler frage ich mich natürlich sofort …«

Was heißt »ich frage mich« auf Englisch?

»Unterbrich mich jetzt bitte nicht!«

Oh, sorry.

»Ich frage mich da, übrigens ›I wonder‹ auf Englisch, ich hab ja schließlich aufgepasst! Ich frage mich da also natürlich sofort, was dann ›ich meine es gut MIT jemandem‹ heißt. Man sagt doch dazu, MIT WEM man es gut meint. Ich kann natürlich auch raten und ›with‹ sagen. Aber wahrscheinlich ist das total falsch.«

Du hast recht. You're right. The English don't say »with«, offiziell sagen sie »by«: »I mean well *by* somebody.« Weil das aber auch für englische Ohren irgendwie komisch klingt, bauen die Engländer lieber gleich den ganzen Satz um. Das hört sich dann so an: »I mean it for your own good.« … Ich hab dir doch hoffentlich sonst nichts vorenthalten?

»Doch, leider, unfortunately … äh, nee, wie hieß das noch mal? Genau, das war ja ›I'm afraid‹. Also: I'm afraid you have!«

Wirklich?

»Ja. Wieder das Gleiche: Du erzählst mir, dass ich für ›einladen‹ ›to treat somebody‹ sagen soll. Aber du erwähnst überhaupt nicht, AUF WAS. Ich lade doch immer jemanden AUF etwas ein, auf ein Bier oder einen Wein oder was auch immer.«

Da hast du schon wieder recht – you're right again. Shame

on me! Also hier schnell die Antwort: »to treat somebody TO something.«

Ansonsten hast du aber nichts zu beanstanden, oder?

»Well ...«

Ach nein!

»Doch. Yes. Sorry to be so critical. Ähm, ist das jetzt ›critical ABOUT‹, ›critical ON‹ oder ...«

Critical OF. You're critical OF me, for a good reason. It seems I've been a bit slack recently – ein wenig nachlässig. Ich muss mich wieder etwas mehr zusammenreißen – I must pull myself together. Aber mach weiter. Let's get this embarrassing episode over and done with quickly – bringen wir es schnell hinter uns.

»Du hast dieses Kapitel auch gleich wieder schlampig angefangen. Da wirfst du mir einfach all diese Wörter für ›wie bitte‹ hin, aber es fällt dir gar nicht ein, in irgendeiner Weise zu differenzieren. Ich meine, dass ›what‹ nicht so freundlich ist wie ›sorry‹, ist klar. Aber wie steht's mit dem Rest? Also, dieses ›pardon‹, das hab ich zum Beispiel noch nie gehört, jedenfalls nicht im Englischen.«

Really? You haven't heard the expression in English before? Never? Na dann! Pardon, das kennen wir ja alle bereits aus dem Französischen. Es ist aber auch in England in regem Sprachgebrauch. Allerdings mit veränderter Aussprache: *pahden*. Man sollte es auf alle Fälle kennen, vor allem unter Fremden, weil es ein sehr höflicher Ausdruck ist. Außerdem gibt es noch die etwas altmodischeren Abwandlungen »pardon me« und »beg your pardon« (wörtlich »ich erbitte Ihre Entschuldigung«). Das Wörtchen »sorry« ist ebenfalls sehr freundlich und viel gebraucht. »Excuse me« muss man dagegen mit etwas Vorsicht genießen. Es kann zwar gleichbedeutend mit »sorry« oder »pardon« sein, wird aber auch oft dann verwendet, wenn man ausdrücken möchte: »Ich habe doch wohl nicht richtig gehört?«

Jetzt ist aber alles so weit geklärt, oder? Ja? Da bin ich aber froh. How can I make up for my lousy teaching – wie kann ich das wiedergutmachen? … Jetzt hol ich uns erst noch mal was zum trinken. The next drink is on me – geht auf mich. And the drink after that, too. And the one after that. Aber schau'n wir erst einmal, wie weit wir kommen – how far we get.

Wie wär's als Erstes mit einem Glas Petersilienwein?!

Prost! Cheers! Wow, spür ich den Alkohol! Aber Moment, ich muss mich anstrengen, schließlich will ich ja wieder eine gute Lehrerin sein – I want to be a good teacher. Jawohl!

Trotzdem, über Sprachliches haben wir uns jetzt, finde ich, genug ausgetauscht. Hmm, irgendeine Geschichte oder etwas Wissenswertes wäre jetzt genau das Richtige. Mal sehen, hab ich da noch was auf Lager – have I got anything left up my sleeve? Ach ja, natürlich! Genau das ist es! Es

wird dir gefallen – you'll like it: Die Geschichte des Teebeutels – the History of the Tea Bag.

Ich habe dir ja schon im ersten Kapitel gezeigt, wie man
eine richtige Kanne Tee kocht – a proper pot of tea. Ich hatte dabei einfach lose Teeblätter in die Teekanne gegeben.
Natürlich kann man aber genauso gut die Teeblätter in kleine Metallbehälter füllen – metal containers. Das sind dann
entweder die sogenannten tea eggs oder tea balls. Bis Anfang des 20. Jahrhunderts gab es nur diese Möglichkeiten
der Teezubereitung. Doch dann passierte – wie so manchmal im Leben – ein großartiges Missverständnis – a great
misunderstanding.

Der New Yorker Teehändler, the New York tea merchant
Thomas Sullivan kam auf die Idee, seinen Kunden kleine
Teemuster zuzuschicken – to send little tea samples to his
customers, und zwar in Form kleiner Seidensäckchen – in
small silken bags. He simply presumed – erinnerst du dich
noch an »presume«? Das hatten wir bereits ganz am Anfang
des zweiten Kapitels. Eine gute Wiederholung: es heißt »an-
nehmen«, »voraussetzen«. Thomas Sullivan presumed that
his customers would open the bags – dass sie die Beutel öff-
nen und den Inhalt direkt in die Teekanne oder in einen Metallbehälter geben würden. So, wie man eben seinen Tee zu-
bereitet. Für so etwas Einfaches braucht man doch wirklich
keine Gebrauchsanweisung – no need to add instructions!
Falsch. Never presume anything. Die amerikanischen

Kunden, in ihrer praktischen Veranlagung, freuten sich mächtig über die kleinen Säckchen, die man einfach so zum Brauen in die Teekanne geben konnte. Kein Ausputzen von Kannen oder Metallbehältern mehr. Toll! Die Sache hatte nur einen Haken – there was a catch: Die Seide war nicht durchlässig genug. Darüber beschwerte man sich schließlich auch beim nichts ahnenden Händler. Man kann sich seine Verwunderung nur zu gut vorstellen – he must have been amazed. Vielleicht war er anfangs sogar ein wenig aufgebracht – he might have been upset at first, but he was a clever business man, und deshalb packte er die Gelegenheit am Schopf – that's why he jumped at the chance. He developed bags made of gauze – auf Deutsch Gaze, einem durchlässigeren Gewebe, und verkaufte nun die fertigen Teebeutel an seine Kunden.

Aber weiter: Trotz Thomas Sullivans Erfolg wurde erst Anfang der Zwanzigerjahre das kommerzielle Potenzial dieser Erfindung erkannt. Dann erst war die Industrie bereit, sich der Erforschung des perfekten Teebeutels zu widmen. Nach etlichen Versuchen mit den verschiedensten Stoff- und Klebematerialien entwickelte man schließlich die uns wohlbekannten, zusammengepressten Zellulosebeutel.

Im Gegensatz zu den Amerikanern, die schnell Gefallen an dieser neuen Methode fanden – who quickly took to the new method – dauerte es noch einige Jahrzehnte, um die Engländer von ihr zu überzeugen. In den Sechzigerjahren machten Teebeutel noch weniger als drei Prozent des britischen Marktes aus, they made up less than three per cent of the market. Kannst du dir vorstellen, wie hoch der Marktanteil inzwischen ist? Heutzutage liegt er bei phänomenalen 96 Prozent!

Na, Gott sei Dank hab ich das noch so einigermaßen hinbekommen. Trotz Cider und Wein. Ich hol uns schnell noch was nach. Worauf hast du denn Lust? What do you fancy? Nur ein kleines Gläschen irgendwas? Okay, dann bin ich gleich zurück! Back in a sec!

Hier, bitte schön, ein Gläschen Brombeerwein. Das trinken wir jetzt noch, während ich dir eine kleine Teebeutelgeschichte erzähle, und dann gehen wir. Nein, entschuldige, dann gibt's zuerst noch die Fragen und dann gehen wir.

Diese Geschichte hat mir ein Freund erzählt. This happened to a friend of his in Ireland. Ein Land, in dem übrigens noch mehr Tee getrunken wird als in England. Sein Freund saß gerade gemütlich in einem Café, schlürfte seinen Tee und las in der Zeitung. Da kam ein alter Bauer zur Tür herein, setzte sich zu ihm an den Tisch und bestellte ebenfalls eine Tasse Tee. In diesem Café wurde der Tee mitsamt Teebeutel serviert. Der verwunderte Bauer nahm den Faden, an dem der Teebeutel hing – he took the attached string and pulled the tea bag out of the hot water. He looked across to my friend's friend, absolutely amazed, oder hier noch besser, wegen der überaus großen Verwunderung: flabbergasted. Er fragte: »What *is* it???« Offensichtlich war er auf so etwas noch nie gestoßen – obviously he hadn't come across anything like this before. Bis zu diesem Zeitpunkt hatte er wohl nur mit losen Teeblättern zu tun gehabt. My friend's friend explained: »It's a tea bag.« Der Bauer senkte seinen Blick wieder auf den Teebeutel, tauchte ihn nochmals langsam ins Wasser ein, zog ihn wiederum ganz, ganz langsam heraus – very, very slowly pulled it out again and looked at it for a long time, like this was the most marvellous thing – die wunderbarste Sache – that had ever happened to him. »It's a tea bag«, wiederholte er langsam mit einem glückseligen Lächeln. »It's a t e a b a g.«

Ach herrje, der Fragen- und Antwortteil … I don't think I can be bothered now. Can you? *»I can't be bothered, either. I'm far too drunk.«*

Gott sei Dank! Thank Christ for that. Weißt du was? Wir holen das einfach im nächsten Kapitel nach, wenn wir ausgenüchtert sind.

»Aber …«

Was, aber?

»Was ganz anderes.«

Was denn?

»Du bist MIR noch eine Antwort schuldig!«

Was für eine Antwort denn?

»Du wolltest nicht, dass ich dir verrate, ob ich ein Mann oder eine Frau bin. Erinnerst du dich? Do you remember?«

Yes, I remember.

»Und dann hast du gesagt: »Unless ...«

Right.

»Ja, und dann hast du noch gesagt, wir würden später drüber sprechen ...«

Oh nein, muss das jetzt sein? Do we need to talk about this now?

»Ja, das muss jetzt sein. Wann denn sonst?«

Meinetwegen ... Ich hatte da spontan so eine Idee ...

»Na, raus damit! Tell me!«

»Raus damit« heißt übrigens »spit it out«.

»Keine Ablenkung, bitte.«

Dann eben zur Sache. Ich dachte mir, wenn das schon so persönlich wird, viel persönlicher übrigens als geplant, und ich meine Kontrolle über alles verlieren sollte, dann müsste sich die Sache für mich auch auszahlen. Dann sollten wir uns von dieser imaginären Welt verabschieden und uns treffen, ich meine, so richtig treffen – meet properly, meet in person.

»Meet in person?«

Ja genau, persönlich.

»Ach so ... Und warum wolltest du nicht darüber sprechen? Why didn't you want to talk about it?«

Na ja, weil ich mir andererseits gar nicht so sicher bin,

ob ich das wirklich will! Nicht nur wegen der Kontrolle. Mir gefällt unsere imaginäre Welt nämlich wirklich sehr.

»Mir auch.«

Zum Beispiel gefällt es mir, wie wir jetzt hier so gemütlich beisammensitzen, einen Wein nach dem anderen trinken und miteinander plaudern. Schön einfach und unkompliziert.

»Aber weißt du was? So einfach und unkompliziert ist es ja überhaupt nicht mehr. Sonst hätten wir gar nicht dieses Gespräch.«

Ja, sonst hätten wir gar nicht dieses Gespräch – otherwise we wouldn't have this conversation. Du hast recht – you're right. I've lost control already. What a mess! Was für ein Durcheinander! Was meinst du, würdest du mich gerne treffen? For real?

»Ich denke schon. I think it could be fun.«

Aber was passiert, wenn wir uns im richtigen Leben gar nicht gut verstehen – what if we don't get on?

»Well, I think we should give it a try.«

Maybe we should.

»Und was tun wir jetzt?«

Jetzt geh'n wir erst mal ins Bett. Let's go to bed and sleep on it – das müssen wir überschlafen. Weißt du was? Um die Ecke ist ein nettes Bed & Breakfast. Dort gibt's ein ganz wunderbares English Breakfast mit allem drum und dran. Wollen wir da reinschauen, ob die noch zwei freie Betten haben?

»Das ist doch wirklich eine gute Idee. – Du?«

Ja?

»Das mit dem ›persönlich‹ werden, war das wirklich nicht geplant?«

Nein, das hab ich wirklich nicht geplant. Ich glaube, ich habe die Kontrolle schon vor Langem verloren. So was kann man ja auch nicht planen, so was passiert einfach – these things happen.

Aber weißt du was? Ich freu mich langsam sogar darüber, dass es so gekommen ist. Du auch?

»You bet.«

You bet – und ob, das hab ich dir doch noch gar nicht beigebracht!? Also, dein Englisch, dein Englisch wird immer besser …

Welcome to London!

oder

Der Morgen danach

OH; MY GOD! You're here! Right next to me – in BED! And you're still asleep. This is too much! What's happening to my imagination? Und wo sind wir hier überhaupt? Where are we, anyway? Das ist ja, das ist ja … ein … Bed & Breakfast! … Ich kann gar nicht klar denken – I can't think clearly. What an awful, stinking, splitting headache! Wie sind wir denn hier gelandet? Ich kann mich an gar nichts mehr erinnern. Achje.

This has gone too far. Und obendrein – over and above, I still haven't got a clue what sex you are!

»WAS? Hatten wir SEX?«

Guten M o r g e n. Nein, Quatsch, hatten wir nicht! Nonsense! Oder, doch? Ähm, ich weiß nicht. Das ist ja das Problem, ich weiß überhaupt nichts mehr. Kannst du dich noch an irgendetwas erinnern?

»Moment, lass mich erst mal aufwachen ... wo sind wir denn hier eigentlich? ... Natürlich, das kleine, nette Bed & Breakfast. Ich freu mich schon auf das Frühstück, von dem du mir gestern vorgeschwärmt hast!«

You're looking forward to breakfast? Du gähnst, du streckst dich, du lächelst – you're yawning, stretching, smiling, and you're looking forward to BREAKFAST?!

»Was ist denn mit dir los?«

What's the matter with me? You must be joking! Ich sollte doch deine Lehrerin sein! I was supposed to be your teacher and now I'm waking up next to you in bed with a splitting headache and no recollection – keiner Erinnerung – of anything whatsoever. I don't even know you. You're a total stranger to me!

»Na, jetzt halt aber mal die Luft an! Ich bin dir doch nicht fremd! Wie kannst du das nur sagen? Gerade gestern hatten wir doch eine so schöne Zeit miteinander!«

Du hast recht. Vielleicht ist das ja gerade das Problem, dass du mir nämlich überhaupt nicht fremd bist, sondern im Gegenteil, du bist mir sehr vertraut. Und weißt du was? DU bist MIR eigentlich wesentlich vertrauter als ich dir. Und deshalb steht hier für mich viel mehr auf dem Spiel.

»Wie meinst du denn das jetzt? What do you mean by that?«

Ganz im Ernst, für dich ist das alles doch nur reine Unterhaltung. Ein kurzer Spaß. It is, isn't it? Wie lange hast du für dieses Buch gebraucht? Heraus damit – spit it out! Ein paar Stunden? Einen Nachmittag? Oder hast du es häppchenweise über ein oder zwei Wochen gelesen? Tja, da würde ich auch alles lockerer sehen. Aber versetze dich mal in meine Situation – put yourself in my position: The amount of time I've spent with YOU!

»Wie bitte?«

Ganz im Ernst – seriously. What do you reckon, how many times I dragged you into the »Fryer's Delight« – wie oft ich dich da auf verschiedenste Weise reingeschleift hatte, bevor ich mich auf die endgültige Version festgelegt habe – before I settled on the final version, the only one you ever read? Oder wie viele Male ich eigentlich mit dir zusammen nach Devon gefahren bin – how many times I travelled to Devon with you, in the car or on the train, with or without traffic jam, until I decided to skip the journey altogether. Yes, really, I did spend much more time with you than you with me!

»So hab ich das noch gar nicht gesehen.«

Eben.

»Und jetzt?«

Jetzt gibt's wirklich nur noch eins.

»Und das wäre?«

Jetzt bleibt uns gar nichts anderes mehr übrig. Wir müssen uns jetzt treffen.

»Au ja!«

Wirklich? Das willst du?

»Aber ja! Hab ich doch gestern schon gesagt!«

Na gut, da geht's mir doch gleich wieder besser – I feel better already. Vielleicht ist ja doch alles in Ordnung, so wie es ist. Aber weißt du was? Ich muss mich jetzt erst einmal von dem Schock erholen, und zwar bei …

»… einer Tasse Tee!«

Genau. Schau doch mal, wie in jedem ordentlichen B&B gibt's auch hier einen Wasserkocher und ein Tablett mit zwei Tassen, einem Kännchen Milch und ein paar Teebeuteln. Das nenne ich zivilisiert – that's what I call civilized. Ich schalt mal schnell den Wasserkocher ein – I'll put the kettle on. Und du bleibst bitte im Bett! Denn das ist noch immer der schönste Platz für die erste Tasse Tee des Tages. Erinnerst du dich, wir beide haben schon einmal eine gemeinsame Tasse Tee im Bett getrunken, und zwar im zweiten Kapitel. Wenn auch noch in zwei verschiedenen Betten, damals, als meine imaginäre Welt noch geordnet und kontrolliert war. Do you remember, it was a Monday morning when everybody else was at work.

»Ich erinnere mich sehr wohl – I remember very well. Da hast du mir doch diesen netten Ausdruck beigebracht. Wie hieß der noch mal?«

Du meinst »snug as a bug in a rug«?

»Genau, den merk ich mir jetzt auch.«

Ist das gemütlich – so cosy. Unübertroffen. You simply can't beat a nice, hot cup of tea in bed. Früher hab ich das viel öfter gemacht. Das erinnert mich übrigens auch an Bruno, mit dem ich im Gegensatz zu George eine ganz und gar nicht platonische Beziehung hatte. I had a real crush on him – ich war über beide Ohren in ihn verknallt. Für mich war er ein Traum von Mann – a dream of a man – und ich war überzeugt davon, dass wir füreinander geschaffen waren – that we were made for each other – oder, um mal wieder mein Lieblingswort »mean« zu erwähnen: we were meant for each other – dass wir füreinander bestimmt waren. Das dachte ich jedenfalls, während wir zusammen waren – while we were seeing each other. Im Nachhinein muss ich sagen, das Beste an Bruno war, dass er mir jeden Morgen eine Tasse Tee ans Bett brachte. Das war wirklich schön.

Aber jetzt zu uns beiden. Schmieden wir doch mal Pläne – let's make plans! Was wollen wir denn alles unternehmen, wenn du mich in London besuchst? Ich denke, eine ganz private Stadtrundfahrt wäre für den Einstieg schön – your own little guiding tour. Ich habe da eine besondere Route, zuerst vorbei an der St. Paul's Cathedral in die »City of London«, das Zentrum der Geschäftswelt, mit kurzem Blick auf das überragende Lloyds-Gebäude mit seiner blauen Beleuchtung. Dann über die Waterloo Bridge in den Süden der Stadt und zurück, durchs West End, an der Downing Street vorbei und zum Parliament ... Ach, so

schade – what a shame – ich hätte dir so gerne die Rentner-
gruppe gezeigt, die sich dort bis vor Kurzem regelmäßig
getroffen hat, um bei einer Tasse Tee gegen den Irakkrieg
zu protestieren – to have a cup of tea in protest against the
war in Iraq. Nach dem Motto »MAKE TEA, NOT WAR!«
Solche gefährlichen Umtriebe hat die englische Regierung
aber inzwischen mit einem neuen Anti-Terrorist Act ver-
boten. Nun ja.

Unsere Fahrt ginge weiter entlang der Themse und über
South Kensington nach Notting Hill. Dort könnten wir
eine kurze Pause einlegen und den Portobello Market ent-
langschlendern – stroll along the little market stalls. Da
kannst du dich wunderbar mit englischen Büchern und
allerlei Krimskrams eindecken … Ja, und dann wäre es Zeit
für ein Curry am Westbourne Grove. Bei meinem Lieb-
lings-Inder. Dir schmeckt doch hoffentlich Curry!? Du
könntest dir ein schönes Fleisch-Curry aussuchen, und ich
würde wahrscheinlich die Bombay Potatoes nehmen … ah,
apropos Bombay! Weißt du eigentlich, wie Bombay erst-
mals in die Hände der Engländer gelangte? Das war im
17. Jahrhundert, der Bürgerkrieg war zu Ende und Oliver
Cromwells Republik hatte ausgedient. Nun übernahm
Charles II. den Thron, aber leider nicht nur den, sondern
auch den großen Schuldenberg der Regierung. Da er noch
Junggeselle war, hatte er Gott sei Dank die Möglichkeit,
seine Haushaltskasse durch eine gute Partie aufzustocken.

Wir wissen ja, wie verhängnisvoll Steuern sein können! Er hatte Glück, denn die portugiesische Krone war aus politischen Gründen auf eine Vereinigung mit England angewiesen. Es wurde ihm deshalb die Hand der reichen Prinzessin Katharina von Braganza angeboten. Damit waren nicht nur mit einem Schlag alle finanziellen Probleme gelöst, sondern es befanden sich obendrein ein paar nette »Extras« in der Mitgift, unter anderem die Haftenstadt Bombay.

Man freute sich dementsprechend auf die Ankunft der vornehmen Prinzessin. Sie erreichte nach einer langen und stürmischen Überfahrt am 13. Mai 1662 Portsmouth. Gleich nach ihrer Ankunft bat sie um eine Tasse Tee. Das für die Prinzessin aus Portugal selbstverständliche Luxusgut war in England zu jener Zeit dermaßen rar, dass es einfach nicht aufzutreiben war. Deshalb erklärte ihr der zukünftige Gemahl:

»We don't drink tea in England.«

Diesen historischen Ausspruch muss man sich einfach auf der Zunge zergehen lassen!

Katharina wurde mit einem Glas Bier abgespeist – with a glass of ale. Kein Wunder, dass die Arme krank wurde und die Hochzeit verschoben werden musste. Die Ehe selbst wurde angeblich niemals eine richtig glückliche, aber Katharina schaffte es innerhalb kürzester Zeit, das Teetrinken in diesem rückständigen Land in Mode zu bringen – to make it fashionable.

So, und wann willst DU denn eigentlich kommen? Jetzt gleich? Straight away? Right now?

»Ooch ...«

Was? What? Hast du es dir etwa anders überlegt? Have you changed your mind?

»Nein, nein. Ich hab mich doch nur so auf das English Breakfast gefreut.«

Okay, you've been looking forward to your Full English Breakfast. I see – ich verstehe. Aber weißt du, hier im Buch handelt es sich ja nur um ein imaginäres Frühstück – an imaginary one – aber wenn du jetzt gleich deine Koffer packst und dich auf den Weg machst, dann bekommst du ein echtes englisches Frühstück – a real one. With me. In person.

»Dann fang ich jetzt mal besser mit dem Packen an ...«

Genau.

»Holst du mich vom Flughafen ab?«

Natürlich! Of course I'll pick you up from the airport. Just give me a ring on my mobile when you arrive. I'll be there.

»Are you absolutely sure you will be there?«

Yes, I'm absolutely sure. I promise. Du kannst auf mich zählen – you can count on me – auch wenn das nach Denglisch klingt!

»I'm so happy! We'll have such a great time!«

Yes! We'll have the time of our lives!!

Und hier noch ein paar Fragen zu den letzten beiden Kapiteln, um dir die Zeit im Flugzeug zu vertreiben

1) »etwas hinter sich bringen«

2) Was heißt »etwas auf Lager haben«? Eigentlich gar nicht so schwer. Wir Deutschen denken da nämlich recht ähnlich, wenn wir sagen, dass wir etwas »aus dem Ärmel schütteln«.

3) »Gefallen an etwas finden«

4) Eines der wichtigsten Wörter überhaupt: »sonst«

5) »Hast du es dir anders überlegt?«

6) »auf jemanden zählen«

7) Verschiedene Möglichkeiten für »(ich bin) gleich wieder da«

8) »füreinander bestimmt sein«

Die Auflösung

»Gleich wieder da« kam im 12. Kapitel als »back in a sec« vor, kurz für »back in a second«. Alternativen wären »back in a minute« oder »back in a moment«. »Etwas hinter sich bringen« heißt »to get something over and done with«. »Etwas auf Lager haben«: »to have something up one's sleeve«, auf Deutsch kann man es dann lässig ausschütteln. »Sonst« ist eines dieser verflixten Wörter, die einem oft nicht einfallen, obwohl sie so wichtig für den Redefluss sind. Deshalb unbedingt merken: »otherwise«.

»Hast du es dir anders überlegt?« auf Englisch: »Have you changed your mind?«. »Gefallen an etwas finden«: »to take to something«. Und noch der Ausdruck, den sich jeder schnell merken kann: »to count on somebody« für »auf jemanden zählen«.

Und zu guter Letzt: »Füreinander bestimmt sein«: »to be meant for each other«.

Du siehst schon, alles ziemlich kurz und knapp. Zu mehr bin ich nicht mehr fähig. Ich bin ja so aufgeregt – I'm so excited! Can't wait to see you!!

Wortschatzliste

Kapitel 1 – 13

Kapitel 1

Abendessen	tea, supper, dinner
doch	yes
ehrlich	honest(ly)
Geschmackssache	matter of taste
Milch:	
Vollmilch	full-fat milk
fettarme Milch	semi-skimmed milk
Magermilch	skimmed milk
Mittagessen	lunch, dinner
Porzellan	china
Tee	tea
Teekanne	tea pot
Teekannenwärmer	tea cosy
rostfreier Stahl	stainless steel
Schlange	queue
Schlummertrunk	night cap
Was gibt's zum Abend-essen?	What's for tea?
mit den Achseln zucken	to shrug

eine Sache erledigen,
ordnen, regeln

to settle a matter

das ist nicht meine Sache

that's not my cup of tea

sich einen Scherz mit
jemandem erlauben,
jemanden zum Narren halten

to pull someone's leg

Schlange stehen

to queue up,
to stand in a queue,
to wait in a queue

um Himmels willen,
um Gottes willen

for God's sake,
for heaven's sake,
for Christ's sake

Kapitel 2

angemessen, ausreichend	adequate
aufteilen, zerteilen	to split
ausziehen	to move (out of a place)
besonders	particularly
Besserwisser	know-it-all, know-all
Bettdecke	duvet
dichterische Freiheit	poetic licence
Dummkopf, Narr	fool
Erfahrung	experience
erwähnen	to mention
freie Stelle	vacancy
Gemeinschafts-	communal
Hausmeisterin	caretaker
Hoppla	oops
Humor	humour
Sinn für Humor	a sense of humour
Lieblings-	favourite
Mieter	tenant
ordentlich	tidy
Pause	break

pedantisch	pedantic
Rassist, rassistisch	racist
sauber	clean
sprachlos	speechless
steif	stiff
Vermieter	landlords
voreingenommen	prejudiced
sich vorstellen	to imagine
Vorstellungsgespräch	job interview
Vorurteil	prejudice
viele Vorurteile	plenty of prejudice
weiterziehen, weitergehen	to move on
zögern	to hesitate
auf Arbeitssuche sein	to be job-hunting
was … angeht	as far as … is/are concerned
noch besser	better still
behaglich/gemütlich wie eine kleine Wanze in der Decke	snug as a bug in a rug
durch und durch	through and through
das erinnert mich an …	this reminds me of …
kalte Füße bekommen	to get cold feet
das kommt mir vertraut/ bekannt vor	that rings a bell, sounds familiar
und so weiter	and so forth

Kapitel 3

Chips	crisps
empfehlen	to recommend
Erbsenbrei	mushy peas
ersetzen	to replace
genau	right
geradeheraus	straightforward
Hannover	Hanover
hässlich	ugly
Kabeljau	cod
köstlich	delicious
Letzterer	the latter
nervenaufreibend, nervig	nerve-racking
Pommes Frites (engl. Art)	chips
sozusagen	so to speak
trotzdem	nevertheless, inspite of it, despite, all the same, still
versprechen	to promise
widerlich, entsetzlich, eklig	disgusting
zugeben	to admit

zumindest	at least
abwarten und Tee trinken	let's wait and see
sein Abendessen einnehmen	to have tea, supper, dinner
ist nicht ernst gemeint, Blöd-sinn, ich erlaube mir nur einen Scherz	(I'm) just kidding
»Fish & Chips«-Laden	Fish & Chips shop, Fish & Chippie
Hand aufs Herz	cross my heart
das hört sich nicht gut an	I don't like the sound of it
Kohldampf haben, hungrig sein	to be starving
meiner Meinung nach	in my opinion, to my mind, as I see it
jemanden neugierig machen	to arouse someone's curiosity, to make someone curious
ein Restaurant wird von … geführt	a restaurant is run by …
einem schmecken	to enjoy
ein winzig kleines bisschen	a tiny bit, a teeny weeny bit

Kapitel 4

bestehen aus	to consist of
bevormunden	to patronize
Bier vom Fass	draught beer
Diebstahl	theft
Einbruch	burglary
empört	outraged
sich erinnern	to remember
erschöpft	exhausted
gesamt	entire
Handelsschiff	merchant ship
Hefe	yeast
Kneipe	pub(lic house), tavern
(jemanden) langweilen	to bore somebody
Mord	murder
Mörder	murderer
einen Mord begehen	to commit a murder
oje!	oh dear
ojemine!	oh deary me
Prachtstück, Glanzstück	gem
schwerwiegend	grave

sogenannter	so-called
stattfinden, sich ereignen	to occur, to happen
Steuer (auf)	duty, tax (on)
Taxi	taxi, cab
Überfall	raid
übrigens	by the way, by the by
Verdauungsspaziergang	constitutional
sich vergleichen lassen mit	to compare with
wechseln zu	switch to
es war einmal …	once upon a time there was …
Sind Sie damit einverstanden?	Are you all right with that? Is that all right with you?
genau das, was wir brauchen	just what the doctor ordered
das sollte genügen	that should do
jedenfalls, wie auch immer	anyway
Macht es Ihnen etwas aus?	Do you mind?
mehr oder weniger	more or less
Schießen Sie los/legen Sie los!	Shoot away/fire away!
wie gesagt	as I said

Kapitel 5

annerven, verärgern	to irritate
atemberaubend	breathtaking
aufbürden, auferlegen	to impose
Arzttermin	doctor's appointment
Aussicht über	view across
bemitleidenswert, kläglich	pathetic
eingesperrt	encaged
Entwicklung	development
Erfinder	inventor
Friedhof	cemetery
handlich, praktisch	handy
Handy	mobile (phone) (U. K.)
	cell (phone) (U. S.)
hauptsächlich	principally
imponieren, beeindrucken	to impress
leider	I'm afraid
Linksverkehr	left-hand traffic
Marktlücke	market gap
Namensschild	name plate
obwohl	saying that

Pause	break
Pommes Frites	French fries
prinzipiell	on principle
rücksichtslos	reckless
SMS	text message
jmd. eine SMS schicken	to send a text message to sb., to text sb.
Spaziergang	stroll
Stuhlgang	stool
unglücklicherweise	unfortunately
Verabredung, Termin	appointment
verwöhnen, verhätscheln	to pamper
vor allem, besonders	especially
vorschlagen	to suggest
Vorsicht!	Careful! Watch out! Watch it!
keine Ahnung	no idea
es ist mir egal	I don't mind
es eilig haben	to be in a hurry
einerseits – andererseits	on the one hand – on the other hand
Kaffee zum Mitnehmen	coffee to go (U. S.) take-away coffee (U. K.)
Lust haben auf etwas	to fancy sth., to feel like something

da wir gerade von … sprechen	speaking of …
Wem sagen Sie das?	You're telling me?
Ich wollte gerade …	I was just about to …

Kapitel 6

amüsieren	to amuse
aufgeben	to give up, to resign oneself to the situation
Bordell	brothel
Elend	misery
entdecken, sichten	to spot
Erzeuger, Hervorbringer	engenderer
jmd. erreichen	to get hold of sb.
Freund, Kumpel	mate
genau	quite
am Nachmittag	p. m. (post meridiem)
Punkt …	… on the dot, … sharp
seit	since/for
Spielverderber	spoil-sport
Tratsch	gossip
unterbrechen	to interrupt
Verführer	debaucher
verraten	to give away
Verweichlichung	effeminacy
Vorbereitungs-	preparatory

am Vormittag	a. m. (ante meridiem)
das Wesentliche, der Kern	gist
Zerstörer	destroyer
18 Uhr	six (o'clock) p. m., six (o'clock) in the evening, eighteen hundred (hours)
zur Abwechslug	for a change
die Aufmerksamkeit einer Person auf sich ziehen	to draw sb.'s attention to oneself
für einen Appel und ein Ei	for peanuts
ich freue mich auf …	I'm looking forward to …
macht nichts	never mind
ein paar (zwei oder drei)	a couple of
den Sinn verstehen	to get the gist of
wenn man vom Teufel spricht	speaking of the devil
über jmd. verärgert sein	to be cross with sb., to be angry with sb.
Wie soll ich das erklären?	How to explain (this)? How can I explain (this)? How do I explain (this)?

Kapitel 7

angebracht, passend	appropriate
aufgebracht, aufgeregt	upset
Bauch	tummy
bereuen, bedauern	to regret
bitte schön	here you are
erleichtert sein	to be relieved
fade	insipid
schlechtes Gewissen	bad conscience
sich an etwas gewöhnen	to get used to sth.
lecker	yummy
Nachname	surname,
	last name,
	family name
probieren (Essen, Trinken)	to taste
Radler	shandy
saftig	juicy
Vegetarier	vegetarian
vegetarisch	vegetarian, veggie
verärgert, aufgebracht,	upset
außer Fassung	

Vorname	first name, Christian name
zweifellos	without doubt
appetitlich, wenn einem das Wasser beim Anblick im Mund zusammenläuft	mouth-watering
für etwas bekannt sein	to be known for sth.
ins Fettnäpfchen treten	to put your foot in it
kurz und gut	in short
»Lust auf jmd.« haben, von jmd. »etwas wollen«	to fancy sb.
ein paar	a couple of, a few, several
eine gute Partie	a good match
ein reicher Mann, der nicht aufs Geldverdienen angewiesen ist	a man of independent means
wie schade	what a shame
überhaupt nicht, keineswegs	not at all, by no means, not in the least, in no way
unter uns	between you and me
Das kannst du mir aber nicht weismachen!	Pull the other one! It's got bells on (it).

Kapitel 8

(jmd.) aufheitern	to cheer up sb.
Auswahl an	a choice of
befangen, verlegen, gehemmt	self-conscious
benannt sein nach	to be named after
daher, folglich	hence
gemein	mean
gerührt	touched
gewissenhaft	conscientious
Grundlagen	basics
leicht	easy, simple
meinen, heißen, bedeuten	to mean
Profi	professional, pro
schneller machen	to speed up
Teig	batter
Zungenbrecher	tongue twister

Was gibt's zur Auswahl?	What's on offer?
brav sein	to be good
ein für alle Mal	once and for all

gut gehen	to be well (oder: to be fine)
Ich hab's!	I've got it!
eine Leichtigkeit	a piece of cake
bis morgen	see you tomorrow
das macht Spaß	this is fun
Schluss für heute	let's call it a day
Wie geht's?	How are you?
	How are you doing?
	How are you going?
	How's it going?
	How are things?
mit den Wölfen heulen	do in Rome as the Romans do
du wolltest es nicht anders	you asked for it

Kapitel 9

anzünden (eine Zigarette)	to light (a cigarette)
aufgeschlossen	open-minded
ausdrücken, ausmachen	to stub out (a cigarette)
(eine Zigarette)	
bemerken	to notice
besagte(r/s)	said
beträufeln	to sprinkle
danke	thanks, cheers
einsteigen	to get on
engstirnig, beschränkt	narrow-minded
entdecken, sichten	to spot
Fahrplan	schedule
fahrplanmäßig	to be scheduled to …, according to schedule
feierlich	solemn
funktionieren, klappen	to work
gewöhnlich	usually
Meisterwerk	masterpiece
mitteilen, sagen	to tell
obendrein	at that

Opfergabe, Verzicht	sacrifice
Scheibe	disk, slice
überflüssig	superfluous
Zigarette	cigarette, fag
zuzwinkern	to wink (at sb.)
sich an etwas gewöhnen	to get used to sth.
an etwas gewöhnt sein	to be used to sth.
sich nicht die Mühe machen	not to bother
ich habe keinen Schimmer	I haven't got a clue,
	I haven't a clue
auf etwas stoßen	to come across sth.
das tut man nicht	that's not done
den Wasserkocher aufsetzen	to put the kettle on
in der Zwischenzeit	in the meantime

Kapitel 10

abholen, mitnehmen	to pick up
Abkürzung	short-cut
ausgerechnet	… of all …
auslassen, überspringen	to skip
beabsichtigen	to mean (to do sth.)
einerlei, egal	no matter
festsitzen, feststecken	to be stuck
sich fragen	to wonder
freiwillig	voluntary
Geschäftsmann	business man
herausfinden, ausfindig machen	to check out
höchstens	at the most
Kekse	biscuits, bickies
Leichenbestatter	undertaker
mindestens	at the least
nach Hause	home
nun, also	well
Palme	palm tree
schließlich, letzten Endes	after all

schmollen	to sulk
überspringen	to skip
Unternehmer	entrepreneur
vorangehen	to lead the way,
	to go in front
voll	full, filled-up, stuffed
zum platzen voll	ready to burst
sich vollessen	to get stuffed
hier und dort	here and there
falsch laufen	to go wrong
… würde uns gut tun	we could do with …
ein Nickerchen einlegen	to take a (little) nap
tief einatmen	to take a deep breath
wie üblich	as usual
ich wollte nicht/es war	I didn't mean to …
nicht meine Absicht	
es hat keinen Zweck	there is no point
gut zuhören	to listen carefully

Kapitel 11

außer	unless
dumm, blöd	stupid, silly, thick
(jmd.) einladen auf …	to treat (sb.) to …
(sich) entschließen, eine Entscheidung treffen	to make up one's mind
finden, denken	to think, to reckon
frech	cheeky
froh	glad
Geschlecht	sex
Grinsen	grin
Laune	mood
nennen	to name
passieren	to happen
spottbillig	dirt cheap
Streit	row, argument, altercation
trüb	cloudy
ungenießbar	unpalatable, bei Getränken auch: undrinkable

unscheinbar	unpretentious
unverzüglich, sofort	straight away
(sich mit jmd.) versöhnen	to make up (with sb.)
genauer gesagt	to be precise
genau genommen	strictly speaking
es gut meinen	to mean well
je nach/abhängig von	depending on
Moment mal	hold on a moment
eine Naschkatze sein,	to have a sweet tooth
eine Vorliebe für Süßes haben	
offen gesagt	to put it plainly
eine Sache überdenken	to think a matter over
in Vergessenheit geraten	to fade into obscurity
sich vorstellen können,	to consider
in Erwägung ziehen,	
ins Auge fassen	
was soll's	who cares, so what,
	who gives a damn,
	who cares a damn
das wär's	that's that
du hast freie Wahl	the choice is yours
Wie kommt das?	How come?
das kannst du nicht wissen	you wouldn't know

Kapitel 12

Anweisung	instructions
bitte schön	here you go, here you are
entwickeln	to develop
gründlich	thorough
kritisch gegenüber	critical of
Muster	sample
nachlässig	slack
Seiden-	silken
(eine Sache) überschlafen	to sleep on sth.
Tortur, Qual	ordeal
sich zusammenreißen	to pull oneself together
Was für ein Durcheinander!	What a mess!
jmd. auf etw. einladen	to treat sb. to sth.
Gefallen an etwas finden	to take to sth.
sich gehen lassen	to let oneself go
die Gelegenheit am Schopf packen	to jump at the chance
ein Getränk geht auf jmd.	a drink is on sb.

gleich zurück	back in a sec,
	back in a moment,
	back in a minute
es gut meinen	to mean well
ich meine es gut mit dir	I mean it for your own
	good
die Sache hat einen Haken	there is a catch
ich kann mir nicht helfen	I can't help myself
etwas hinter sich bringen	to get something over
	and done with
etwas auf Lager haben	to have sth. up one's
	sleeve
… Prozent ausmachen	to make up … per cent
raus damit	spit it out
ich reiße mich zusammen	I pull myself together
auf etwas stoßen	to come across sth.
und ob	you bet
wie bitte	sorry, excuse me,
	pardon, pardon me

Kapitel 13

aufgeregt sein	to be excited
entlangschlendern	stroll along
Fremder	stranger
obendrein	over and above
reinschleifen	to drag sb. into …
sonst, andernfalls	otherwise
verknallt sein	to have a crush on sb.
verstehen	to see, to understand
seine Entscheidung ändern	to change one's mind
sich auf etwas festlegen	to settle on sth.
füreinander bestimmt sein	to be meant for each other
füreinander geschaffen sein	to be made for each other
Pläne schmieden	to make plans
sich in die Situation einer Person versetzen	to put oneself into someone else's position
Was ist mit dir los?	What's the matter with you?

Wie meinst du das?/	What do you mean by
Was willst du damit sagen?	that?
auf jemanden zählen	to count on somebody
Zeit mit jmd. verbringen	to spend time with
	somebody

Dank

Ein großes Dankeschön an meine unentbehrlichen Englisch-experten Darryl Hunt und Kila King sowie an Barbara Karuth-Zelle für ihr unverschämt effektives Management. Außerdem vielen Dank an meine Eltern, an Bettina Weiß-Spencer und Vernon Spencer, Fabienne Pakleppa, Heike Tiller, Wolfgang Pöschl, Sitaasa und Christine Dross. Und natürlich an Doris Anker, Berrit Barlet und Andrea Kunstmann vom Heyne Verlag. Vor allem aber an Esther Straimer für ihre tatkräftige und stets humorvolle Unterstützung.

Aufgeschnappt in Bournemouth an einem wunderschönen Sommerabend gegen 17.30 Uhr auf der Strandpromenade:

Mutter zu ihrem Kind: »... yes, you can have some ice cream later on, after lunch, uh, dinner, uh ... tea, I mean.«

Your own little teacard

tea	Tee, Abendessen
tea bag	Teebeutel
tea cosy	Teekannenwärmer
tea cup	Teetasse
tea egg/tea ball	Siebkugel aus Metall
(tea-)kettle	Wasserkocher
tea leaf	Teeblatt
tea pot	Teekanne
tea spoon	Teelöffel
tea strainer	Teesieb
a cup of tea	eine Tasse Tee
a pot of tea	eine Kanne Tee
a mug of tea	eine große Tasse Tee
high tea	Abendessen
low tea	Teezeremonie am Nachmittag, immer mit kleinen und/oder großen Snacks serviert
afternoon tea	Teezeremonie am Nachmittag, mit kleinen und/oder großen Snacks serviert, oder einfach jede Tasse Tee am Nachmittag, die mit Genuss und Hingabe getrunken wird
night cap	Schlummertrunk
to have a cup of tea	eine Tasse Tee trinken
to have tea	zu Abend essen
What's for tea?	Was gibt's zum Abendessen?
That's not my cup of tea!	Das ist nicht meine Sache!